T0124795

Regine Schindler

König Herodes und die Nachtigall
Erzählungen zur Weihnachtsbotschaft

Regine Schindler

König Herodes und die Nachtigall

Erzählungen zur Weihnachtsbotschaft

Die Deutsche Bibliothek – Bibliografische Einheitsaufnahme
Die Deutsche Bibliothek verzeichnet diese Publikation in der
Deutschen Nationalbibliographie; detaillierte bibliografische Daten
sind im Internet über http://dnb.ddb.de abrufbar

Umschlaggestaltung, Satz und Layout
Mario Moths

Druck
AZ Druck- und Datentechnik GmbH, Kempten

ISBN-10: 3-290-17362-3
ISBN-13: 978-3-290-17362-3

© 2006 Theologischer Verlag Zürich
www.tvz-verlag.ch

Alle Rechte, auch die des auszugsweisen Nachdrucks, der
fotografischen und audiovisuellen Wiedergabe, der elektronischen
Erfassung sowie der Übersetzung, bleiben vorbehalten.

Inhalt

Weihnachtstiere – Tiere zur Weihnachtszeit

8

König Herodes
und die Nachtigall

Es war keine Zeit für Nachtigallen – die Zeit der längsten Nächte, der kürzesten Tage. Und dennoch: Sie begann zu singen, zur Unzeit zu singen, ihr allerschönstes Lied; wie Menschengesang hallte es im Innenhof der Königsburg in Jerusalem. Es war mitten in der Nacht. Die Soldaten, die hier in Decken gehüllt schliefen, meinten, vom Frühling zu träumen, drehten sich auf die andere Seite, schliefen weiter.

Herodes aber, der nicht schlafen konnte, stand am offenen Fenster seines Palasts, starrte in die Dunkelheit, dachte nach über dieses Königskind, über die Konkurrenz in Betlehem. «Sterben muss dieses Kind!», sagte er laut. Er rief es hinaus in die schwarze Nacht. Er ärgerte sich nicht nur über dieses Kind, das König werden wollte. Er ärgerte sich auch über die Soldaten, die einfach schliefen. Er hatte sie doch aussenden wollen, um das Kind zu töten. Am allermeisten ärgerte er sich über dieses Lied, dieses Lied, das den Palasthof erfüllte und so wunderbar war, dass seine bösen Gedanken weniger klar wurden, seine raue Stimme weniger kräftig.

Er wurde still, um zu horchen. War das eine Frauenstimme, die sang? War es ein Vogel? König Herodes dachte nicht nur an den Frühling; er dachte an die Frauen, die im Nebenpalast schliefen, an die Kinder. Er hatte plötzlich vergessen, weshalb er die Soldaten, die im Hof lagen, hatte wecken wollen.

«Nachtigall», flüsterte er andächtig und erinnerte sich, dass er diesen Gesang schon einmal gehört hatte, vor langer Zeit, als kleiner Junge.

Das Lied begleitete Herodes in seinen Schlaf. Und beim Aufwachen dachte er sofort wieder an den seltenen Vogel. Warten will ich, warten, bis es Abend wird und die Nachtigall wieder vor meinem Fenster ist.

Sie kam wieder. Sie sang. Sie wiegte den König in den Schlaf und ließ ihn alle bösen Gedanken vergessen. Jede Nacht.

Als die Nachtigall eines Tages oder eines Nachts nicht mehr kam, kehrten die bösen Gedanken des Herodes zurück. Er weckte die schlafenden Soldaten. Er schickte sie nach Betlehem. «Sofort müsst ihr gehen. Ein Kind, ja! Die Konkurrenz! Ein kleiner König – sucht ihn für mich!»

Doch sie kamen zu spät. Das Königskind sei weggezogen mit seinen Eltern. Ins Ausland. Nein, sie konnten es nicht finden. Die Soldaten kehrten unverrichteter Dinge zurück.

Die Nachtigall aber flog fort, weiter, immer weiter nach Westen. Sie setzte sich in deinen Garten, vielleicht auch in meinen. Ich will das Fenster öffnen, nachts, im Mai. In Venedig, in Berlin, auch in andern Städten singt sie in der Nacht. Ich höre ihr Lied und ich rufe hinaus: «Danke, Nachtigall. Du hast es gut gemacht in Jerusalem. Verzaubert hast du den bösen König, mitten im Winter. Zu lange haben seine Diener geschlafen. Zum Segen aller Menschen.»

Der Wüstenfuchs und Maria

Warum musste sich die junge Frau ausgerechnet unter diesen Baum setzen? Der Wüstenfuchs ärgerte sich. Er dachte immer, hier sei ein sicherer Ort für ihn. Sonst kamen hier keine Wanderer vorbei. Die kleinen Füchse und ihre Mutter schliefen in der Höhle. Wenn sie nur nicht aufwachten und plötzlich ihre Schnauzen aus der Höhle streckten!

Keinen Meter neben dem Eingang der Höhle breitete die Frau ihren bescheidenen Proviant aus: Da war der Ledersack mit Wasser, Brot, etwas Trockenfleisch, Oliven. Nicht vor allem dieses kleine Stückchen Trockenfleisch beunruhigte den Fuchs, obwohl ihm das Wasser im Maul heftig zusammenlief. Er roch es sehr genau: In einem Ballen, der auch zum Gepäck der Frau gehörte, eingewickelt in sauberes Leinen, mit Schnüren umwunden – da war noch mehr Fleisch, viel Fleisch.

Der Fuchs blieb ruhig, ganz ruhig. Im Ginsterbusch neben der Höhle war er doch gut versteckt! Oder hatte sie ihn doch gesehen? Sie warf ihm ein Stückchen Fleisch, ihr eigenes Stückchen genau vor die Nase, lachte und rief: «Guten Appetit!» Wusste sie nicht, dass er auch ein gefährlicher Räuber sein konnte? Der Wüstenfuchs war etwas verwirrt, als er das Fleisch kaute. Die Frau gefiel ihm – warum wohl? Menschen waren doch immer gefährlich und böse, das hatte er schon als kleines Füchslein gelernt. Noch nie hatte er einen Menschen von so nahe gesehen.

Die Frau aber hatte keine Angst. Sie schaute hinüber ins Bergland, schien über ihren Weg nachzudenken. Sie packte alle ihre Habe wieder zusammen und warf den schweren Reisesack auf den Rücken.

Die Frau sang beim Weitergehen. Sie war fröhlich, obwohl der Weg lang und beschwerlich war. Sie dachte darüber nach, dass der Engel Gabriel zu ihr gekommen war, und hatte alles verstanden, was er zu ihr gesagt hatte. Darum war sie jetzt unterwegs zu ihrer Verwandten, die im Alter noch ein Kind erwartete, der Frau des Zacharias. Ohne Begleitung ging sie den weiten Weg, ohne Angst, ohne Müdigkeit. Und ihr habt es natürlich längst erraten: Es war Maria, die das winzig kleine Jesuskind schon in ihrem Bauch mit sich trug.

Natürlich kannte der Wüstenfuchs keine Menschennamen. Er wusste nichts von Jesus, vom Messias, auf den die Juden warteten. Doch die junge Frau gefiel ihm; das Fleisch roch wunderbar. Und der Fuchs kannte alle Gefahren, die bei einer Reise durch das einsame Bergland lauerten. Eine junge Frau, allein, ohne Begleiter, ohne Waffen, nicht einmal einen Stock trug sie bei sich!

So ging der Fuchs als Beschützer mit. Immer unsichtbar. Vor allem nachts bewachte er Maria, die sich zum Schlafen unter einen Busch oder in eine Höhle legte. Eine Schlange biss er zu Tode, Stechmücken und Ratten vertrieb er; einem Landstreicher stellte er sich mit aufgesperrtem Maul in den Weg, so dass dieser vorbei rannte, ohne die schlafende Frau zu entdecken.

Doch Maria entdeckte ihn immer wieder. Wenn sie ihren Proviant auspackte und aß, suchten ihre Augen den Wüstenfuchs – und sie warf ihm ein Stückchen Brot hin, eine Olive und ein winziges Stückchen Fleisch.

Erst als Maria ganz nahe bei Elisabet und Zacharias rastete und wieder die Augen ihres Beschützers suchte, sagte sie: «Du musst zurückkehren, lieber Fuchs. Ich kann dir den runden Fleischballen nicht schenken – es ist ein Geschenk für Elisabet und Zacharias. Ein Geschenk meiner Eltern. Es tut mir so leid, mein Lieber!»

Obwohl er die Menschensprache nicht kannte, verstand der Fuchs aus Marias Handbewegung, dass er zurückkehren sollte. Er war traurig, und er sah: Auch Maria war traurig. Eine Träne fiel auf einen Stein, eine salzige Träne, die der Fuchs aufleckte und sich dabei schüttelte.

Als er aber zurückrannte durchs ganze Bergland, heim zu seiner Höhle, zu den kleinen Füchsen und zu seiner Füchsin, hatte er Kräfte wie noch nie. «Das ist die Träne, die Träne der jungen Frau, die mich stark gemacht hat», dachte er. Er wusste jetzt: Menschen haben Tränen, nur Menschen, wenn sie traurig sind. Auch der Fuchs hätte gerne geweint. Er hätte gerne Tränen vergossen – vor Freude über diese gute junge Frau, aber auch aus Traurigkeit, dass er, der Fuchs, nicht dazu gehörte.

Der Fuchs wusste nicht, dass Maria nicht nur die Worte des Engels Gabriel, sondern auch ihre Erinnerung an den freundlichen Fuchs fest in ihrem Herzen bewahrte.

Josefs Katze

In der Schreinerwerkstätte in Nazaret hatte die Katze ihren festen Platz. Auf einem Balken saß sie und schnurrte, wenn sie das kratzende Geräusch von Josefs Schnitzmesser hörte. Manchmal spielte sie mit den Locken aus Holz oder den kleinen Spänen, die den Boden bedeckten. Vor allem aber fing sie die Mäuse, die sich gern im Sägemehl versteckten und darauf warteten, dass Josef auf der Werkbank oder in seiner kleinen Kochecke ein Stück Fladenbrot oder gar eine Wurst liegen ließ. Dass diese Katze Josefs Freundin war, ja, dass sie sich als seine Lebensgefährtin, um nicht zu sagen Hausherrin fühlte, ist für unsere kleine Geschichte nicht unwichtig.

So könnt ihr euch vorstellen, dass sie neidisch wurde, als ihr Herr fortzog von Nazaret, fort mit seiner Partnerin namens Maria, neben der die Katze völlig unwichtig geworden war. Die Katze aber dachte: Sollen doch die Mäuse in der leeren Werkstätte ihr Fest feiern – eigentlich bin ich jetzt nicht mehr nötig! Sie schlich darum mit. Sie folgte Josef und Maria auf leisen Pfoten, immer auf Distanz; Maria und Josef konnten sie nicht sehen, aber die Katze ging wirklich mit, bis nach Betlehem. Und dass sie dort – im Stall! – genug zu tun hatte, könnt ihr euch gut vorstellen. Wenn die Menschen schliefen, fing sie auch hier alle Mäuse. Das kleine Kind, das in der Krippe lag, war darum sicher, wurde nicht von Mäusepfoten gekitzelt oder gekratzt. Tagsüber aber schlief die Katze unter dem Dach, unsichtbar, mit dickem Bauch. Ihr Schnurren hörte Josef sehr wohl; doch er meinte, dies sei ein Traum, der ihn an seine Schreinerwerkstätte zu Hause in Nazaret erinnerte.

Weil die Katze tagsüber so fest schlief, merkte sie nicht, dass sich Maria und Josef mit dem Kind eines Tages plötzlich auf den Weg nach Ägypten machten. Nein, die Katze konnte nicht wissen, dass Herodes das Kind töten lassen wollte. Sie war erschrocken, dass der Stall leer war. Aber die Krippe stand noch da, in der Krippe das Stroh und im Stroh eine Vertiefung, in die die Katze ganz genau hineinpasste. Es war ihr wohl hier, sie rollte sich zusammen und schlief einfach weiter. Da sie hier ganz im Verborgenen gelebt hatte und mit niemandem ins Gespräch gekommen war, auch nicht mit Josef, ihrem Herrn, wusste sie nichts von Ägypten. Vielleicht hätte ihr jemand erzählt, dass Katzen in Ägypten verehrt werden. Sie wäre mitgegangen ins fremde Land und wäre dort als Freundin Josefs voll akzeptiert worden – vielleicht auch neben Maria und dem Kind!

Die Katze aber lag in der Krippe und zuckte erst zusammen und öffnete ihre gelben Augen einen kleinen Spalt weit, als die Waffen der Soldaten klirrten und sie die bewaffneten Männer rund um die Krippe stehen sah. «Eine Katze, nur eine Katze!» «Nicht das Kind, das wir suchen!» «Wir sind am falschen Ort!» Schnell verschwanden die Soldaten wieder. Sie verschwanden, bevor die Katze vor Angst zittern oder vor Wut ihre Krallen zeigen konnte. Sie schloss ihre Augen wieder und schlief weiter.

Wie lange die Katze noch in jenem Stall in Betlehem blieb? Wir wissen es nicht. Doch wir wissen: Trotz ihrer kurzen Beine fand sie den langen Weg zurück nach Nazaret. Ob sie für diese Strecke eine Woche, einen Monat, ein Jahr oder zwei Jahre brauchte, ist unbekannt. Doch als Josef mit Maria und dem Jesuskind aus Ägypten nach Nazaret kam, saß sie da. Sie wartete und schnurrte und hatte die riesige Mäusefamilie, die es sich in der Werkstätte gemütlich gemacht hatte, vollkommen vertilgt.

«Große Heuschrecke»

Die Sonne, die gerade aufgegangen ist, blendet. Die Glut des Feuers ist verlöscht. Der Mann reibt sich die Augen, denkt nach, schaut nach Westen, versucht sich zu erinnern, wie das war, heute Nacht, als alle, fast alle aufbrachen und ihn allein ließen mit Tobias und den Schafen. Wieder neu ist er ungehalten. Er wäre doch trotz seines lahmen Beins gerne mitgegangen nach Betlehem. Etwas langsamer vielleicht, mit den Krücken. Zum Hüten war er ihnen ja gut genug – zusammen mit dem Jungen.

Erst als er ins Gesicht von Tobias blickte, in die leuchtenden, grünen Augen des fremden Jungen, den die Hirten als kleines Kind aufgenommen hatten, vergaß er seine Behinderung, auch seinen Ärger. «Engel waren das, sicher Engel», sagte Tobias, der vielleicht gar nicht Tobias hieß; die Hirten hatten ihm diesen Namen gegeben. Einen Namen braucht schließlich jeder, auch ein fremdes Kind.

«Ja, Engel!», sagte auch Ruben, der Hirt, und seufzte. Tobias aber fuhr fort: «Und ein Kind in der Krippe, in Betlehem, das möchte ich sehen, auch ich möchte ihm ein Geschenk bringen wie die andern.» «Ein Geschenk? Wir haben doch nichts – wir zwei sind die allerärmsten.»

Beide schauen auf die Weiden rundum. Ohne es auszusprechen, haben sie den gleichen Gedanken: Wenn die dicken glänzenden Tautropfen zu Kristallkugeln oder zu kleinen Goldstücken würden! Da wären wir reich, sehr reich – da hätten wir ein Geschenk. «Wir würden nach Betlehem gehen, langsamer als die andern – aber das Kind in der Krippe, das würden wir finden, und es würde sich freuen, und es würde reich.»

Tobias staunt weiter. Die Sonne steigt höher. Schnell verschwinden die Tautropfen des Morgens. Kein Gold mehr, keine Kristalle. Der Hirt zählt die Schafe, legt sich wieder zur Seite, schläft ein, kann den Jungen nicht sehen, der jetzt auf einem Bein, barfuß spielend im Kreis, auf der stoppeligen Weide hüpft. Seine Fußsohlen sind ledern. Er hat noch nie Schuhe gehabt. Wenn Ruben nicht schliefe, sähe er deutlich, dass Tobias plötzlich wie angewurzelt stehen bleibt, nach unten starrt, geräuschlos lacht, die Arme zum Boden streckt, in die Hocke geht. Jetzt sind es langsame Bewegungen, starr, marionettenhaft, vor allem sehr leise. Bis der Junge sich plötzlich lachend und zappelnd aufrichtet, zum schlafenden Hirten hinübertanzt und diesen weckt.

Ruben, dem Hirten, fallen die Hände des Tobias sofort auf: Zu einer kleinen Schale mit Deckel sind sie aufeinander gelegt. Tobias lacht weiter. «Das kitzelt, das juckt – sie krabbelt, sie tanzt.» «Wer krabbelt und tanzt?» «Eine Heuschrecke, eine große grüne wunderschöne Heuschrecke. Ich habe sie vorhin gefangen, aber du hast ja geschlafen! Ich sag dir, das war nicht einfach. Und sie ist schön, herrlich schön! Nein, ich öffne meine Hände nicht; sie würde gleich wegspringen, in hohem Bogen!» Tobias ist froh, dass Ruben ihm den Becher mit Milch zum Mund führt; er ist durstig, kann aber seine Hände nicht öffnen. Es ist ihm, als ob die Ziegenmilch Riesenkräfte, die Kräfte eines erwachsenen Mannes schenken würde. Und der kleine Tobias springt auf: «Ich gehe, Ruben, ich gehe. Ich gehe nach Betlehem, ich, ganz allein.»

Schon rennt er nach Westen. «Du verirrst dich, du bist zu klein!», Ruben schreit, sucht seine Krücken. «Halt Kind, halt!» Seine Stimme wird immer lauter. Doch er weiß, dass er ihn nicht einholen kann, den kleinen Findling, der – ohne Schuhe – schon hinter den stacheligen Ginstersträuchern der nächsten Hügelkuppe verschwunden ist.

Ruben wartet. Die Hitze tanzt über den Weideplatz. Ruben wartet. Er schläft nicht; er verlässt die Herde nicht und kann es nicht wissen, ob Tobias wirklich nach Betlehem zum Stall kommt. Leichtfüßig und schnell, mit Händen, die eine Schale bilden. Ruben wollte doch Tobias die Geschichten nochmals erzählen – von den Heuschreckenschwärmen in Ägypten, von den Propheten, die sich in der Wüste von Heuschrecken ernähren mussten. Er wollte ihm sagen, dass eine Heuschrecke kein Geschenk für das neugeborene Kind in Betlehem ist. Aber es ging alles so schnell.

Ruben wartet; er schaut nach Westen. Gegen Abend sieht er seine Freunde, die andern Hirten, kommen, lachend, singend – ohne den Jungen.

Dann warten sie alle, während der ganzen Nacht. Während des nächsten Tages. Sie schauen nach Westen. Sie warten Tage, Nächte, Wochen. Sie erzählen sich nicht nur vom Kind in der Krippe. Sie erzählen sich auch von Tobias. Zuerst jeden Tag. Dann nur noch selten. Doch der Schlafplatz im Zelt ist noch da, auch seine Decke, über die vor allem Ruben immer wieder liebevoll streicht.

Nach Wochen sieht man die kleine hüpfende Gestalt von weitem kommen. Er ist es! Und sie lassen den Jungen erzählen. «Ja, es war ein gutes Geschenk. Echt gut! Die Heuschrecke setzte sich von allein neben die Mutter des Kindes und wurde zahm, ganz zahm, und ich durfte dort bleiben, beim Kind, seiner Mutter und seinem Vater, bis sie fliehen mussten – nach Ägyptenland. Und stellt euch vor: Meine Heuschrecke zeigte ihnen einen geheimen Weg durch die Wüste. Ihre zarten Flügel glitzerten im Mondschein, immer nachts – und so führte sie das Kind und seine Eltern einen Weg, den die gefährlichen Soldaten, die ihnen folgten, nicht kannten. Stellt euch vor: Die Heuschrecke rettete ihr Leben.»

Keiner der Hirten lacht über die Erzählung des Jungen. Sie glauben ihm jedes Wort. Sie glauben ihm auch als er sagt: «Und ich bin zurückgekommen, um euch alles zu erzählen. Ich bin zurückgekommen, weil ich Angst hatte vor Ägypten. Ich bin zurückgekommen, weil du mich doch brauchst!» Und Tobias fasst die Krücken von Ruben, streckt sie ihm entgegen – und schläft schließlich erschöpft ein, im Zelt, auf seiner Decke, am helllichten Tag.

An diesem Abend beginnen die Hirten, wieder über das Kind in der Krippe von Betlehem zu reden. «Es ist Gottes Sohn, es ist unser Retter.» Das haben sie schon damals bei ihrer Rückkehr erzählt, aber richtig froh werden konnten sie nicht. Immer, wenn sie von jener Nacht erzählten, dachten sie auch an ihren fremden Jungen, der ihnen längst nicht mehr fremd war, den sie in jener Nacht verloren hatten. Erst jetzt wissen sie: Er gehört ganz zu uns.

Ruben aber, der Hirt mit dem lahmen Bein, nennt den Jungen, der so gut springen kann und ihm immer seine Krücken holt, nicht mehr Tobias, sondern «Große Heuschrecke». Mit der Zeit nennen ihn alle so. Jetzt hat er einen eigenen, einen ganz eigenen Namen. Dieser Name aber hilft ihnen, auch über das andere Kind zu reden, das Kind in der Krippe, den Retter mit dem Namen Jesus. Ob er den Weg durch die Wüste geschafft hätte, fliehend vor den Soldaten, ohne das Glitzern der kleinen Heuschrecke im Mondlicht? Jener kleinen Heuschrecke, die der Junge, der jetzt «Große Heuschrecke» hieß, geduldig gefangen und über die stoppeligen Weiden nach Betlehem gebracht hatte?

Maria und die Meerkatze, um 1498

Die tanzenden Schafe

Das Licht der vielen Engel, die für die Hirten gesungen hatten, war noch da. Auch das Lied «Ehre sei Gott in der Höhe» klang weiter. Es schwebte noch in der Luft, es summte vor sich hin und wurde immer leiser, als die Hirten schon unterwegs waren zum Stall.

Doch jetzt wurden die Schafe wach, die weißen, die schwarzen, die gefleckten. Ihre Ohren zitterten; langsam blinzelten sie, öffneten dann richtig ihre Augen, schauten sich um, schauten nach oben. Und der dicke Leithammel gab einen merkwürdig tiefen Ton von sich, einen Ton, der wie ein Signal auf die ganze Herde wirkte und sich über die Weiden hinweg bewegte und dort leiser und leiser wurde.

Was er sagte, der Leithammel, hätte ich nicht verstanden, auch wenn ich dabei gewesen wäre, auch du nicht, ihr alle nicht, da wir die Schafsprache nicht kennen.

Doch die Schafe, die weißen, die schwarzen, die gefleckten – sie verstanden diesen Laut sehr wohl; sie standen auf, sie schüttelten sich. Sie hätten auch gelacht, wenn Schafe lachen könnten. Und sie stellten sich auf ihre Hinterbeine – und sie tanzten, als hätten sie einen Tanzkurs besucht. Sie drehten sich um sich selbst, sie bildeten einen Kreis, als ob sie es gelernt hätten. Es war das allererste Mal, dass dies geschah – und es dauerte so lange, bis das Licht der vielen Engel und der Klang ihres wunderbaren Liedes gar nicht mehr zu hören waren.

Erschöpft legten sich die Schafe dann wieder hin. Nahe beieinander, ein Riesenknäuel von lauter Pelz – im Dunkeln konnte man die weißen, die schwarzen, die gefleckten nicht mehr voneinander unterscheiden. Nur die Hörner des Leithammels ragten aus der lebendigen Pelzdecke heraus.

Der junge Hirt aber, der zurückgeblieben war, um auf die Schafe aufzupassen, rieb sich die Augen. Hatte er geträumt? Nein, die Schafe hatten wirklich getanzt, auf ihren Hinterbeinen, mit zitternden Ohren! Nochmals rieb er sich seine Augen, legte seine Hände hinter die Ohren, um besser zu lauschen. Aber alles war jetzt still und dunkel. «Eine merkwürdige Nacht!», murmelte der kleine Aufpasser, bevor er sich hinlegte und weiterschlief.

Er wusste jedoch für sein ganzes Leben: Auch Schafe können tanzen. Eine geheimnisvolle Nacht hatte Unmögliches möglich gemacht.

Der schwarze Hund
des Gastwirts

«Der einzige freie Platz! Kommt in den Stall da draußen!» Der Gastwirt aus dem «Löwen» ging voraus. Josef und Maria schleppten sich hinter ihm her, müde, wie sie waren. Neben dem Gastwirt aber lief der schwarze Hund, er rannte voraus, wieder zurück und war vor den andern beim Stall, als hätte er die Worte seines Herrn verstanden. Der «Löwen»-Wirt war ungeduldig und wortkarg; sein Haus war voller Gäste; er wollte möglichst bald wieder in der Gaststube sein und bedienen.

«Komm mit, Nero, aber schnell!» Der Wirt pfiff, als er wieder ins Dorf zurücklief. Doch er merkte, dass ihm der Hund nicht folgte. «Nero!» Vergeblich rief der Mann.

Der Hund aber setzte sich vor die halboffene Stalltür. Er bellte laut, als sich ein Wolf näherte; er fletschte die Zähne, als Wanderer die Türe öffnen wollten – auch sie suchten einen Schlafplatz. Auch sie waren nach Betlehem gekommen, um sich schätzen zu lassen, auf Befehl des Kaisers Augustus. Sofort gingen die Wanderer weiter. Gerne hätte der Hund, wie Hunde dies tun, seinen Kopf schief gehalten und auch den Mond angeheult, den vollen Mond, der jetzt am Himmel stand. Aber er wollte nur wachen, nur horchen und blieb regungslos vor dem Stall seines Herrn sitzen. Ein angespanntes, aber zufriedenes und sehr leises Schlagen seines Schwanzes war kaum zu hören, zeigte jedoch an: Ich bin da, ich bin wach, ich bin zufrieden. Beinahe hätte er gewedelt mit seinem Schwanz.

Hatte er zwei Stunden gewacht, drei oder gar fünf? Hunde haben keine Uhren. Doch der Mond stand nicht mehr an derselben Stelle. Das Sternbild des großen Bären war in der Zwischenzeit von einer Wolke verdeckt worden.

Die Geräusche im Stall aber ließen die Ohren des Hundes, des schwarzen Hundes, plötzlich steif werden, ließen seine Flanken leicht zittern, ließen ihn mit den Schwanz wedeln. Doch erst als das Schreien zu hören war, das Weinen eines kleinen Kindes, sprang Nero auf, öffnete mit seiner Schnauze die Stalltür, schnupperte, schnupperte und atmete tief, bis er außer sich geriet vor Aufregung, sich dann aber umdrehte.

Mit gestreckten Läufen raste er ins Städtchen, zurück nach Betlehem, zurück zum Gasthof «Löwen». Sein Bellen, sein Heulen weckte schließlich den Wirt, der ihm ärgerlich die Tür öffnete, endlich, diesem unfolgsamen Biest. Als der Wirt den Hund einließ, schimpfte er verschlafen. Ja, er verstand das Zeichen des Hunds, aber hinaus zum Stall kommen, das wollte er nicht. So viele Gäste hatte er bewirtet. Sofort legte sich der Wirt wieder hin, schlief weiter.

Nero fraß nicht, obwohl sein Napf am gewohnten Ort stand und voll war. Er schlief auch nicht. Er wollte nur warten bis zum Morgen. Gleich hinter der verschlossenen Tür des Gasthauses wartete er. Er wollte sie doch hinausführen, alle – zu diesem Kind, dessen zarte Haut er berührt, mit seiner Schnauze berührt hatte. Er wollte es ihnen zeigen, allen im überfüllten Gasthaus, nicht nur seinem Herrn, dem «Löwen»-Wirt. Zeigen, was er gehört und gerochen hatte: ein neugeborenes Kind!

Ob sie mitgekommen sind, sie alle da drin im überfüllten Gasthaus, ob sie mitgekommen sind zum Stall und zum neugeborenen Kind – das wissen wir nicht!

Kaninchenplage

«Viel Arbeit, zu viel Arbeit in meinem Gasthaus! Dass so viele Menschen zur Zählung nach Betlehem kommen würden – nein, das hätte ich nicht erwartet.» Während der Gastwirt seinen kleinen Acker außerhalb von Betlehem durchschreitet und mit seinen Augen den regelmäßig aufgereihten Setzlingen folgt, seufzt er. «Viel zu kochen heute Abend! Voll das ganze Haus! Und keine Zeit für meinen Garten!»

Neben dem Gastwirt stehen zwei Jungen. Sie hören dem schlecht gelaunten Mann zu, nachdem sie vorher Steinewerfen gespielt haben. Der Gastwirt aber packt die beiden an ihren Schultern, Joschua und Schlomo. «Helft mir doch, ihr zwei!» Die beiden Jungen winden sich, machen sich frei. «Nein, nein, kochen können wir nicht, das wollen wir auch nicht – in deiner heißen Küche!» «Der Herd ist zu hoch für uns», fügt Joschua hinzu – und beide Jungen schauen an sich selbst hinunter, vom Bauch bis zu ihren Füßen. «Ich bin jetzt sechs», flüstert Joschua. «Und ich sieben, aber erst seit einer Woche …», sagt Schlomo noch etwas leiser. Der Gastwirt lacht. «Nein, nein! In meiner Küche brauche ich euch nicht. Aber ihr seid flink und geschickt und kräftig. Seht ihr die frechen Kaninchen, die meinen Kohl und meine Rüben stehlen? Fangt so viele ihr könnt und sperrt sie ein – da vorn seht ihr die Rückseite meines Gartenschuppens. Habt ihr verstanden? Fangen, im Nacken packen, einsperren – eine kleine Kupfermünze für jedes Tier! He! Wie wäre das?»

Nur für einen kurzen Augenblick sehen sich Joschua und
Schlomo fragend an. Ein gutes Angebot! Sie nicken. Leise schlei-
chen sie sich ans Gemüsebeet des Gastwirts heran. Sie wollen
die Kaninchen nicht vertreiben. Fangen wollen sie die Tiere.
Möglichst viele fangen! Kupfermünzen? Noch nie haben die
beiden Kinder Geld verdient. Und noch nie haben sie eines dieser frechen Biester richtig gefangen – höchstens zum Spaß gepackt und dann das zappelnde Tier schnell wieder freigelassen.
Aber auch sie haben es gehört, dass außerhalb von Jerusalem
eine richtige Kaninchenplage ausgebrochen sei – kein frischer
Salat mehr in der ganzen großen Stadt, nur wegen dieser Tiere, die sich vermehren wie keine andern. Aus Spanien habe ein
Fleischhändler sie mitgebracht. «Aber töten will ich sie nicht»,
flüstert Schlomo. «Doch fangen! Fangen macht Spaß!»

Joschua und Schlomo sind wirklich geschickte Hasenfän-
ger. «Sieben. Sieben habe ich gepackt», sagt Schlomo stolz.
«Aber natürlich teilen wir das Geld, auch wenn du weniger
fängst als ich. Du bist ja auch etwas jünger. Wie viele hast du
denn gefangen?» «So viele, wie Finger an meiner rechten Hand
sind!» Also: Sieben und fünf – schon beinahe eine schwierige
Rechnung für die beiden! Zwölf Kupfermünzen! Immer, wenn
einer von ihnen durch einen schmalen Spalt des Fensterladens
ein gefangenes Tier in den Gartenschuppen wirft oder schiebt
oder stößt, macht er den Holzladen blitzschnell wieder zu.

Bis es dunkel wird, arbeiten die zwei kleinen Jäger. Erst unter dem Sternenhimmel setzen sie sich erschöpft neben den Gartenschuppen, lehnen sich unter dem gut verschlossenen Laden
an die Holzwand. Müde sind sie, aber voller Freude – Vorfreude
auf die wunderbaren Kupfermünzen. 25 Kupfermünzen! Gelegentlich nickt der eine von ihnen ein.

«Was soll denn das?», fragt Joschua plötzlich. «Du jam-
merst ja wie ein kleines Kind – du bist doch schon sieben Jahre alt!» Schlomo schaut seinem Freund erstaunt ins Gesicht:
«Ich hab doch nicht gejammert. Aber ich habe auch etwas gehört! Warst nicht du das?» Dann aber spitzen beide ihre Oh-

ren, kneifen die Augen zu, lächeln sich dann plötzlich an: Aus dem Gartenschuppen, von der andern Seite her natürlich, kommen seltsame Geräusche! Nein, das ist doch nicht eines der Kaninchen! Wirklich: Das muss das Weinen eines winzig kleinen Kindes sein, dann auch eine Frauenstimme. Sie beruhigt das Kind; sie singt ein Lied, ein Schlaflied. Joschua kennt es; er summt für eine kleine Weile mit.

Doch die beiden Jungen sind neugierig. Das ist doch das Gartenhaus des Gastwirts! Er hat doch keine Frau, kein Kind? Wer mag sich hier eingeschlichen haben? Auf leisen Sohlen pirschen die beiden rund um den Schuppen und finden auf der andern Seite einen richtigen Eingang: Ein offenes Tor, als ob hier keine Kaninchen eingesperrt worden wären! Nichts also mehr mit den Kupfermünzen!

Eine junge Frau hält ein kleines Kind in die Höhe, als ob sie es den Kaninchenfängern zeigen wollte, und legt es dann in eine Futterkrippe. Ist die Krippe nicht voll von stacheligem Heu, das der Gastwirt für seine Schafe gesammelt hat? Die Mutter und der Vater des kleinen Kindes winken. «Kommt doch, kommt und schaut es an! Jetzt schläft es, weich und warm gebettet.»

Schlomo und Joschua beugen sich über die Krippe. Sie halten sich fest, zittern, stoßen einen winzig kleinen Schrei aus. Denn rund um das schlafende Kind, auch unter ihm, neben ihm, halbwegs auch über ihm als Decke: Da ist kein stacheliges Heu. Da sind hellbraune, seidenweiche Kaninchen, die sich aneinander drücken, fast unbeweglich, als wären sie alle gemeinsam das allerfeinste Kuschelkissen.

Ob die Tiere das Loch im Boden, neben der Krippe, den Eingang zu einem Höhlengang, nicht bemerkt haben? Sie hätten doch fliehen, sich in Sicherheit bringen können unter der Erde. Joschua kneift sich in den Arm. Ist vielleicht alles, was er hier sieht, nur ein Traum? Aber das Kneifen tut wirklich weh, und der Vater des Kindes, der bis jetzt ganz unbeweglich und stumm danebengestanden hat, kommt auf sie zu, drückt ihnen kräftig die Hand und sagt mit einer tiefen Stimme: «Ich grüße euch. Jesus heißt es, es ist ein Junge. Ihr seid die ersten Gäste, die das Kind sehen.»

Nur stumm schauen und warten können jetzt die zwei Kaninchenfänger. Unbeweglich, aber nicht mehr müde bleiben sie neben der Krippe stehen, bis plötzlich Hirten rundum stehen, Hirten mit Geschenken. Hirten, die sagen: «So ist es, genau, wie es uns der Engel Gabriel sagte. Das Kind in der Krippe ist Gottes Sohn. Es wird uns alle retten.»

Dann legen sie sich alle schlafen: Die Mutter, der Vater, das kleine Kind schläft auch. Auch die Hirten, die sich dicht gedrängt im Gartenhaus zwischen Eingang und Krippe niedergelegt haben, schlafen – Joschua und Schlomo aber klettern über die schlafenden Männer, laufen unter dem Sternenhimmel nach Hause zu ihren Eltern. Man hat auf sie gewartet, mitten in der Nacht.

Doch niemand glaubt ihnen, was sie erzählen. Dennoch vergessen sie selbst nicht, was sie erlebt und gehört haben: «Jesus heißt das Kind, Gottes Sohn.» Das sagen sie immer wieder zueinander und sind glücklich über diese merkwürdige Nacht und über ihr wunderbares Geheimnis.

Und die 25 Kupfermünzen? Der Gastwirt hört Joschua und Schlomo am nächsten Tag nur ungeduldig zu. «Ja, ja», sagt er, «ich habe diesen Leuten, die jetzt ein Kind bekommen haben, meinen Schuppen gezeigt. Aber in der Krippe lag heute Morgen ein weiches Schaffell, das Geschenk eines Hirten; die Mutter des Kindes hat es mir erzählt. Nichts von einem Kaninchen-Kuschelkissen. Ihr seid lustige Erfinder.»

Allerdings: Über das Hinken des Gastwirts täuscht nichts hinweg. Mit wegwerfender Handbewegung sagt er nur nebenbei: «Ein Schlupfloch dieser Biester – da verschwinden sie zu Dutzenden unter der Erde – und unsere Menschenschuhe bleiben gelegentlich darin hängen. Frech sind sie, diese Kaninchen, die aus Spanien importiert wurden!»

Die Meerkatze

An einem Scheideweg trafen sie sich, unter Palmen, bei einem großen Ziehbrunnen. Dort tränkten sie ihre Kamele. Dort schlugen sie ihr Nachtlager auf. Und sie kamen ins Gespräch. Nicht zufällig war ihr Treffen, hatten sie doch den gleichen Weg vor sich. Das merkten sie, als es dunkel wurde und sie alle nach oben schauten zu diesem großen Stern.

«Er zeigt mir den Weg zum neugeborenen König», sagte der erste der drei Männer, der weit aus dem Osten kam; seine Schlitzaugen verrieten ihn. «Auch ich folge diesem Stern», «auch ich», erwiderten die beiden andern, nachdem ihre Diener sich schon schlafen gelegt hatten.

Auch im Dunkeln verrieten glitzernde Goldplättchen und Perlen, die auf ihre Mäntel gestickt waren, ihre Herkunft. Vornehme Herren also – Könige – waren es, aus drei Himmelsrichtungen gekommen. Sie stellten sich gegenseitig vor, nannten mit einer Verbeugung ihre Namen: Caspar, Melchior, Baltasar. Und sie erzählten sich großmütig, ja ausschweifend alle Einzelheiten von der langen Reise, die jeder von ihnen hinter sich hatte.

Weniger großmütig waren sie im Hinblick auf die Pakete, die unter den Palmen standen. Ja, Geschenke für den neugeborenen König waren das, das war klar. Aber was unter den Tüchern, in den Körben, Kästen und Truhen, von denen sie die Kamele und Esel für die Nacht entlastet hatten, verborgen war, gaben sie nicht preis.

Caspar, der König mit dem krausen Haar, schien sein Gepäck besonders sorgfältig zu hüten. Immer wieder schob er seine große schwarze Hand unter das bunt bedruckte Tuch, unter dem ein Gegenstand, den er zu betasten schien, verborgen war. Und während seine Hand tastete, ging ein Strahlen über sein Gesicht, ein verschmitztes Lächeln.

Erst gegen Morgen, als der riesengroße Stern verblasste, legten sich auch die drei Könige schlafen. Der Schwarze stellte sein wertvolles Gepäckstück dicht neben seinen Kopf. «In der nächsten Nacht wandern wir weiter, der Stern geht uns voraus!», sagte Baltasar.

Wie lange würde die Reise dauern? Keiner von ihnen wusste es. Doch eines Abends war es dann völlig klar: Der große leuchtende Stern war stehen geblieben; das Königskind konnte nicht mehr fern sein.

«Hier, hier!», sagte einer ihrer Diener und zeigte in Jerusalem auf den Eingang des Palastes des Königs Herodes. Schon waren sie im Palasthof – mit den Dienern, Kamelen, Eseln und mit ihren Geschenken. Nein, kein Kind, «hier ist kein Königskind» – das hörten sie sofort. Doch als sie umkehren wollten und abends den großen Stern außerhalb der Stadt sahen, standen bewaffnete Soldaten des Königs Herodes rund um sie, klopften mit ihren Speeren auf den Boden, ließen die fremden Könige in einer Ecke des Hofes warten und setzten sich dann selbst an ein Feuer; das Fleisch, das die Soldaten des Herrschers brieten, duftete betörend. Wie gerne hätte auch Caspar, der als einziger der Fremden noch wach war, obwohl er die längste Reise hinter sich hatte, etwas gegessen. Er beobachtete die Soldaten, die nun satt, auch etwas betrunken ums Feuer saßen. Er hörte, wie sie sich immer wieder zuriefen: «Nicht einschlafen, Freunde, nicht einschlafen! Die fremden Könige gut bewachen!»

Und da war der Augenblick für König Caspar, den Schwarzen, gekommen. Mit wohlklingender Stimme rief er in den dunklen Hof, der nur durch das Kohlenfeuer erleuchtet war:

«Schaut her, schaut her, ich will euch ein Kunststück zeigen – euer Schlaf wird wegfliegen wie ein junger Vogel, der gerade erst fliegen gelernt hat!» Natürlich verstanden die Palastwächter von Jerusalem die fremde Sprache nicht, sahen aber hin zu König Caspar. Da enthüllte der König aus dem fernen Afrika sein Geschenk; er streifte das bunte Tuch von einem geflochtenen Käfig – und schon sprang der kleine Affe, eine Meerkatze, auf seinen Arm, auf seinen Kopf, drehte sich mit Hilfe ihres langen Schwanzes im Kreis, tanzte schließlich allerliebst zur Melodie einer kleinen Bambusflöte, die König Caspar aus seinem bestickten Mantel gezogen hatte und leise blies; die andern Könige sollten nicht aufwachen! Aber die Meerkatze tanzte und tanzte und verneigte sich am Ende voller Grazie vor den Soldaten des Herodes. Alle klatschten. Jetzt waren sie wach, voll wach und luden König Caspar – was hatte er anderes erwartet! – ein, ihr gebratenes Fleisch zu kosten, ja alle Reste aufzuessen.

Als die Könige Caspar, Melchior und Baltasar am Tag darauf von König Herodes, der sie nicht mehr zurückhielt, nach Betlehem zum Königskind zogen, wussten die andern Könige noch immer nicht, was der schwarze König Caspar mit sich trug. Erst bei Maria und Josef sahen sie die Meerkatze, die elegant aus ihrem Reisekorb sprang, sich zu Füßen der Maria setzte, während die andern Könige den Eltern des Kindes Gold, Weihrauch und Myrrhe gaben.

Zum Glück wusste Caspar, der schwarze König, der wieder zurück nach Afrika reiste, nicht, dass die Soldaten des Königs Herodes den Affen wenige Tage später stahlen. Eine tanzende Meerkatze, das gehörte damals zu den allervornehmsten Palästen; aber König Herodes in Jerusalem, dem fehlte dieses kostbare Haustier. Die Soldaten des Herodes, diese raffinierten Diebe und Fleischfresser, wurden sofort zu Offizieren befördert. Ihr Herrscher Herodes aber ließ ein Fest feiern, um stolz zu zeigen: Groß bin ich, reich! Sehen jetzt alle, dass ich eine

Meerkatze habe, importiert von weit her, von Afrika? Ich reicher Mann?

Maria, Josef und das Jesuskind flohen bald darauf nach Ägypten. Eine Meerkatze? Woher hätten sie das Futter für das edle Tier nehmen sollen? Sie vergaßen den schwarzen König nie und behielten ihn in ihrem Herzen. Er hatte ihnen das schönste aller Geschenke gemacht, ein lebendiges Tier!

Caspar aber, der Afrikaner, war sicher: Immer, immer ist meine Meerkatze beim kleinen König, bei diesem Gotteskind, mit dem Namen Jesus. Seine Mutter wird ihm von mir, dem schwarzen König, erzählen!

Das Huhn des fünften Königs

Natürlich waren es Sterndeuter. Erst spätere Zeiten machten sie zu Königen. Und natürlich waren es mit großer Wahrscheinlichkeit nicht nur drei, sondern vier, fünf oder sechs – einfach Magier, wie man sie damals kannte.

Dass drei von ihnen nach alttestamentlicher Vorhersage wertvolle Geschenke mit sich trugen: Gold, Weihrauch und Myrrhe, wissen wir. Auch von einem vierten König ist immer wieder erzählt worden. Der Sterndeuter mit dem Huhn aber ist, wie ich hörte, erst vor kurzem in einer neu entdeckten Schriftrolle aufgetaucht. Man mag über ihn lachen oder gackern – aber ich will seine kurze Geschichte dennoch nicht für mich behalten.

Die drei Sterndeuter – Gold, Weihrauch und Myrrhe waren sorgfältig aufgeladen – hielten Rast; auch der vierte hatte sich bereits zu ihnen gesellt. Sie waren ungeduldig. Denn hier, in einer Oase mitten in der Wüste, sollten sie den fünften Magier abholen. Sie wussten: Sein Wissen war riesengroß. Aber er selbst war recht alt, ein kleines Männchen; er besaß kein Kamel. Würde er auf der Reise nicht ein Hindernis für sie alle sein? Und jetzt noch die Sache mit dem Huhn! Dem Huhn, mit dem der alte Mann zusammenlebte und für das er einen Käfig hatte bauen müssen, um es mitnehmen zu können. Er war umständlich und verriegelte sein kleines Haus sorgfältig. Zum

Glück konnte der Käfig aus Weidenruten an der Satteltasche des zweiten Königs festgebunden werden. Ob Omiru das Huhn einfach als sein geliebtes Haustier mitnahm, oder ob dies ein Geschenk für den neugeborenen König im Westen sein sollte – wie Gold, Weihrauch und Myrrhe – das wagte keiner der andern zu fragen. Mühsam, dieser Hühnerkönig, und doch der gelehrteste unter ihnen allen!

Immer wieder rasteten sie auf der langen Reise. Sie schätzten den fünften König mehr und mehr, nicht nur, weil er die Sternkarte so gut lesen konnte. Die Eier, die das Huhn legte, nicht jeden Tag, aber doch regelmäßig, behielt Omiru nicht für sich. Abwechselnd kamen alle in den Genuss eines frischen Eis. Abwechselnd fütterten sie das Huhn und immer wieder ließen sie den alten Omiru auf einem ihrer Kamele reiten; er war ihnen wichtig.

Als sie beim Palast des Königs Herodes anlangten, stand da ein strenger Torwächter. «Nichts da, Fremde empfängt unser Herrscher nicht!» Die Sterndeuter konnten nicht einmal erzählen, dass sie ein Königskind suchten; denn schon das erste Tor blieb ihnen verschlossen. Die Männer und Frauen rundum, neugierige Leute aus Jerusalem, flüsterten ihnen ins Ohr: «Ihr müsst den Torwächter bestechen. Merkt ihr das nicht?» Die Sterndeuter schauten sich erschrocken an: Was könnten sie ihm geben? Gold, Weihrauch, Myrrhe – das war nicht für einen Torwächter bestimmt und war alles gut versteckt unter den Satteldecken der Kamele. Sehr wohl aber sahen sie, dass der Torwächter mit gierigem Blick auf das Huhn schaute, das in seinem Weidenkäfig gerade ein Ei gelegt hatte. Das Ei aber war dem Torwächter nicht genug. Er wollte das ganze Huhn – und Omiru, von dem wir inzwischen wissen, dass er gutmütig war, Omiru verschenkte seinen geflochtenen Käfig mitsamt Inhalt.

Als sie dann in den Palast des Herodes eintraten, zog es das Herz des alten Mannes zusammen – es war ihm, als müsste er sterben ohne sein Huhn. Nur zwei braune Federn hatte er als Erinnerung in seinen Mantel gesteckt.

Die andern Sterndeuter hatten ein schlechtes Gewissen, waren aber überglücklich, dass das ständige Gegacker sie nicht auch noch durch die Gänge des Palasts begleitete. Erst jetzt, dank der Bestechung des Torwächters, konnte die Geschichte von den Sterndeutern weitergehen, wie sie in der Bibel aufgeschrieben ist: Das Gespräch mit König Herodes, dann der Besuch beim kleinen Königskind in Betlehem, dort wo der große Stern stehen geblieben war. Und dann, später, die Heimreise.

Die alte Schriftrolle, die leider nicht vollständig erhalten ist, lässt uns im Dunkeln darüber, wie es mit Omiru weiterging. Ob er dem Kind die Federn schenkte und das Kind damit spielte und dazu lachte? Ob das Huhn aus dem Garten des Torwächters geflohen und seinem Herrn gefolgt war? Ob es bei Maria und Josef landete und jeden Tag ein Ei für das Kind oder seine Mutter legte? Traurig jedenfalls kann die Geschichte nicht ausgegangen sein, denn ganz oben auf dieser alten Schriftrolle über den fünften König ist notiert: «Dies hat der glückliche Sterndeuter Omiru, der hundert Jahre alt wurde und den jedermann verehrte, dem Schreiber dieser Schriftrolle erzählt.»

Matthäus und Lukas

Maria und Elisabet

Joram hat die junge Maria eben noch im Obergemach singen hören. Jetzt ist es still, der Gesang ist verstummt. Joram unterbricht seine Arbeit, um nach oben zu lauschen. Bald wird es wohl immer so still sein hier. Joram weiß: Maria ist verlobt. Verlobt mit dem Schreiner Josef. Der Heiratsvertrag ist bereits unterschrieben. Bald wird das junge Mädchen nicht mehr hier wohnen, bei seinen Eltern. Das Leben für mich wird sich ändern, denkt Joram. Ich werde allein sein mit meinem Herrn und meiner Herrin. Auf den Besen gestützt, denkt er lange nach und lauscht immer wieder nach oben. Aber es bleibt still.

Plötzlich kommt der Knecht wieder zur Besinnung: Alles soll sauber sein hier, wenn seine Herrin vom Feld zurückkommt In kräftigen Zügen wischt er weiter. Joram ist ein zuverlässiger Arbeiter, schon viele Jahre im Haus. Er ist glücklich, dass er hier aufgehoben ist – dieser bucklige kleine Mann.

Wieder wartet Joram auf Marias fröhlichen Gesang, den er sonst von oben hört. Es bleibt still. Joram geht zur Feuerstelle. Das Essen muss bereit sein, wenn sie vom Feld kommen mit den vollen Körben der Olivenernte. Ein Händler wird heute kommen, um die Oliven abzuholen. Es ist ein wichtiger Tag.

Später sitzen alle ums Feuer. Sie essen. Nur Maria isst nichts. Sie schaut hinaus auf die Straße, als ob sie weit in die Ferne blickte. «Ja, die Händler sollten bald kommen», sagt der Vater und schaut seine Tochter an. «Oder hast du Sehnsucht nach Josef? Ja, es ist schade, dass er verreist ist.» Leise erwidert Maria: «Nein, ich warte weder auf die Ölhändler noch auf Josef. Ich will euch etwas ganz anderes sagen: Ich möchte Elisabet besuchen, unsere Verwandte Elisabet, die im Bergland bei Jerusalem wohnt.» Plötzlich verstummen alle. Die Eltern staunen. Auch Joram staunt. Immer wieder hat auch er von Elisabet gehört, einer vom ganzen Haus verehrten Verwandten; sie sei die Tochter eines Priesters. Und auch ihr Mann, Zacharias, ist Priester. Nie aber hat sich Maria für diese vornehmen Verwandten interessiert. Warum will Maria ausgerechnet jetzt die Reise zu ihrer Tante unternehmen?

«Wir können jetzt nicht weg, Kind», sagt die Mutter, «du siehst ja – die Olivenernte ist noch nicht fertig; wir sind angewiesen auf das Geld.» «Ihr müsst nicht weg. Ich reise allein», erwidert darauf Maria leise, aber so bestimmt, dass alle staunen. «Allein? Du als Mädchen allein? Das ist viel zu gefährlich. Was dir alles zustoßen könnte! Und Josef, dem du ja gehörst, würde uns Vorwürfe machen. Warte doch, bis er wieder in Nazaret ist. Er wird dich begleiten.» Die Stimme der Mutter klingt besorgt.

Der bucklige Joram hört genau zu und denkt: Eigentlich sollte ich verschwinden jetzt, nicht einfach zuhören, das sind Familiengespräche, die mich nichts angehen.

Doch da hört man Männerstimmen und das Trippeln von Eseln auf den Pflastersteinen vor dem Haus. «Die Händler kommen!» «Ob wir Maria für die Reise den Ölhändlern anvertrauen können? Sicher reisen sie in die Nähe von Jerusalem», sagt die Hausfrau schnell, bevor man die Gruppe mit den Eseln im Hof draußen sieht. Schroff und schnell schneidet der Hausherr seiner Frau das Wort ab: «Kein Wort davon. Sie gehören zu den Reichen. Und sie sind Freunde der Römer. Mit ihnen will ich nichts zu tun haben.»

Die Frau weiß: Das Gespräch mit den Ölhändlern soll rein geschäftlich sein. Natürlich wird ihnen wie immer Essen und Wein aufgetischt, bevor sie die Oliven, die sie kaufen, untersuchen. Man fordert sie auch zum Schlafen auf. Sie lehnen aber auch heute ab und ziehen mit den beladenen Eseln weiter, bevor es Nacht wird. Sie haben gut bezahlt.

Bis spät in die Nacht wird über Marias Reiseplan geredet. Sie lässt sich nicht abbringen und wiederholt: «Ich reise zu Elisabet.» Klar und bestimmt spricht sie – und geheimnisvoll. Warum will sie wohl reisen? Joram fragt nicht. Niemand fragt. Es ist, als ob alle spürten, dass es richtig ist, Maria diese Reise machen zu lassen. Bevor sie schlafen gehen, haben sie einen Plan geschmiedet: Joram soll Maria begleiten, hinauf ins Bergland bei Jerusalem. Es wird fünf Tage dauern. Der Weg ist gefährlich. Es gibt nicht nur Räuber und wilde Tiere. «Samaria ist eine ungemütliche Provinz. Reist möglichst unauffällig hindurch. Die Leute dort haben einen anderen Glauben als wir. Lasst euch nicht auf sie ein, denn sie mögen uns Galiläer nicht.» Die Augen von Marias Vater funkeln. Die Mutter ist ängstlich. Sie lässt ihre Tochter nur ungern ziehen.

Doch Joram freut sich auf diese Reise. Schon in zwei Tagen, wenn alles vorbereitet ist, wollen sie aufbrechen!
Unterwegs führt Joram den Esel, der das Gepäck trägt und auf dem das junge Mädchen reitet, wenn es müde ist. Sonst geht Maria neben Joram her. Gelegentlich singt sie. Und Joram sieht: Sie ist froh. Die Reise macht sie glücklich.

Den Weg durch Samaria haben sie schnell hinter sich gebracht. Viermal haben sie in einfachen Herbergen übernachtet. Und am fünften Tag finden sie das kleine Dorf, in dem Zacharias und Elisabet wohnen. Mehrmals muss Joram fragen. Merkwürdig schauen die Leute Joram und Maria an und sagen: «Zacharias ist stumm. Er hat die Sprache verloren, seit seinem Tempeldienst.» Und bei ihrem letzten Halt, ganz nahe bei Zacharias und Elisabet, flüstert eine Frau und lacht dabei verlegen: «Die alte Elisabet, die unfruchtbare, erwartet ein Kind. Man sieht es ihr seit kurzem an.» «Du hast recht», sagt Maria. «Danke, dass du uns den Weg gezeigt hast.» Joram schaut die fröhliche Maria voller Schrecken von der Seite an. Woher weiß sie das, vom Kind der Elisabet? Aber er spürt wieder etwas Geheimnisvolles und bleibt stumm.

Bald kommen sie beim Haus des Zacharias an. Joram sieht mit eigenen Augen: Elisabet erwartet ein Kind. Und er erfährt: Zacharias kann sich nur mit Hilfe einer kleinen Wachstafel, auf die er schreibt, verständigen. Er ist stumm. Joram aber hat nie lesen gelernt. Doch er sieht, wie sich die beiden Frauen mit Freude begrüßen, die alte und die junge. Sie sehen sich an, als ob sie sich schon lange kennen würden. Und Joram weiß: In diesem Haus wird es die junge Maria gut haben.

Nachdem er sich zwei Tage und zwei Nächte ausgeruht hat, reist Joram zurück nach Nazaret. «In zehn Wochen werde ich dich wieder holen», hat er Maria versprochen. Er wird Marias Eltern erzählen, was er gesehen und gehört hat.

Elisabet und Maria aber bleiben zusammen. Kaum steht Maria der älteren Frau gegenüber, merkt Elisabet, dass das Kind in ihrem Bauch hüpft. Elisabet spürt, dass mit Maria eine geheimnisvolle Kraft Gottes zu ihr gekommen ist. «Gottes Geist ist bei mir», sagt sie leise. Und laut sagt sie zu Maria, als ob sie für sie ein Lied singen wollte: «Maria, du bist die glücklichste unter den Frauen. Dein Kind wird unser Herr und unser Helfer sein. Für mich ist es ein Wunder, dass du zu mir kommst. Als du mich begrüßt hast, hüpfte das Kind in meinem Bauch. Glücklich bist du, weil du an Gottes Boten geglaubt hast.»

Maria strahlt. «Du weißt alles, Elisabet?», fragt sie. «Du hast recht, als ich allein in der Stille war und sang, kam ein Mensch zu mir, den ich nie zuvor gesehen hatte. Er begrüßte mich, als ob ich eine berühmte, ehrenwerte Person wäre. ‹Der Herr ist mit dir›, sagte er. Ich erschrak sehr. Ich wusste plötzlich: Das ist ein Engel Gottes. ‹Gabriel heiße ich›, sagte der Engel und fuhr fort: ‹Hab keine Angst, Maria! Gott hat dich lieb. Du wirst einen Sohn bekommen, und du wirst ihm den Namen Jesus geben. Er wird groß sein und man wird ihn Sohn Gottes nennen.› Und ich sagte zum Engel: ‹Wie ist dies möglich? Ich bin ja noch gar nicht verheiratet!› Aber da redete der Engel Gabriel von Gottes Geist und von Gottes Kraft, die zu mir kommen und die alles möglich machen werden. Und der Engel Gabriel sagte zu mir, dass du, Elisabet, jetzt in deinem Alter ein Kind erwartest, nachdem du so lange unfruchtbar warst. Darum bin ich zu dir gekommen. Jetzt sehe ich: Der Engel hat recht gehabt. Ich freue mich!»

Und Maria singt ein Loblied, in das auch Elisabet einstimmt:

«Ich will Gott, meinen Helfer, loben;
denn er hat mich einfaches Mädchen groß
und reich gemacht.
Alle werden mich preisen,
weil Gott mich auserwählt hat.
Großes tut der Herr:
Die Mächtigen stößt er von den Thronen,
die Niedrigen erhöht er.
Gott macht Hungrige satt und glücklich,
Reiche schickt er mit leeren Händen weg.
Gott hat sein Volk Israel nicht vergessen.
Er hat geholfen.»

Maria und Elisabet sind viele Tage zusammen. Elisabet weiß: Auch mein Kind ist ein Kind, das von Gott kommt. Sie ist froh, dass sie mit Maria reden kann. Zacharias, ihr Mann, ist immer noch stumm.

Nach zehn Wochen aber steht der bucklige Joram plötzlich wieder da. «Ich hole dich ab, Maria. Deine Eltern warten, auch Josef, dein Verlobter.» Und Joram begleitet Maria wieder zurück nach Nazaret, über die Berge, durch Samaria, bis nach Galiläa.

Bald darauf wird Elisabets Sohn geboren. Erst nach der Geburt, als das Kindlein in den Tempel gebracht wird, kann

Zacharias wieder sprechen. Vorher hat er den Namen seines Sohnes auf eine Wachstafel geschrieben. «Er soll Johannes heißen.» Und jetzt ist die Zunge des Zacharias wieder gelöst: «Johannes, so soll er heißen. So hat es mir der Engel Gabriel gesagt, damals als ich im Tempel das Opfer darbrachte.» Elisabet schaut ihn freudig an. «Der Engel Gabriel? Er war auch bei Maria.» Und dann erzählt Zacharias: «Als ich damals ganz allein war im Tempel und auf die Knie fiel und das Räucherwerk auf den Altar gelegt hatte, und als es gerade zu duften begann von Harz, von Weihrauch und den getrockneten Kräutern, da stand der Engel Gabriel vor mir. Ich erschrak zu Tode. Und ich glaubte ihm nicht, als er sagte, dass wir alten Leute ein Kind bekommen würden. Der Engel sagte merkwürdige Dinge über unsern Sohn: ‹Viele werden sich über ihn freuen. Er wird Gott sehr nahe sein und ein besonderes Leben führen, anders als die andern. Seine Aufgabe wird es sein, viele Menschen zu Gott zurückzubringen. Er wird vor einem größeren Herrn hergehen und seinen Weg bereiten.› Damals konnte ich nicht glauben, dass wir wirklich einen Sohn bekommen würden. Ich bat den Engel um ein Zeichen. Ich wollte einen Beweis. Und da machte er mich stumm, bis jetzt. Alles ist geschehen, was der Engel gesagt hat.»

Zacharias und Elisabet denken weiter nach. Sie freuen sich über ihr Kind, und Elisabet erzählt: «Auch Maria hat der Engel Gabriel besucht. Sie wird einen Sohn bekommen. Er wird Jesus heißen und Gottes Sohn genannt werden. Ein Helfer wird er sein für das ganze Volk, größer als unser Kind. Unser Sohn Johannes aber wird vor ihm hergehen und zu ihm gehören. Denn unser Kind hüpfte vor Freude in meinem Bauch, als Maria zu mir trat.»

Jetzt singt der Vater Zacharias ein Loblied. Er dankt Gott, der das Volk Israel nicht vergessen hat. Er dankt Gott für sein Kind. Er dankt Gott für das Kind, das nach Johannes kommen wird. Es wird die Menschen, die traurig sind und sich im Dunkeln fühlen, in eine helle, freie Welt führen.

Der kleine Johannes wächst. Er bleibt mit seinen Eltern im Gebirge in der Nähe von Jerusalem.

Maria aber ist mit Joram nach Nazaret zurückgekehrt. Bald schon wird sie sich mit ihrem Mann Josef wieder auf den Weg machen. Die beiden werden nach Süden in die Nähe von Jerusalem reisen müssen, um sich in Betlehem in die Steuerlisten eintragen zu lassen. Und dort wird auch das andere Kind, das der Engel Gabriel verheißen hat, geboren werden: Jesus.

Eine Spur im Sand

In der Ferne sehe ich einen Hirtenjungen.
Man hat ihn sorgsam zugedeckt.
Sein Vater hat ihm wohl ein Lied gesungen.
Und niemand hat ihn aufgeweckt,
als der Engel kam mit himmlischem Schein.
«Lasst ihn schlafen. Er ist zu klein!»

Und wie er aufwacht aus tiefem Schlafe,
schaut er um sich und sieht: Ich bin allein.
Nichts als die Herde, kein Hund, nur die Schafe.
Da fühlt sich der Junge winzig klein.
Die Engel sind fort, die Engel, die scheinen.
Der Junge steht auf. Er möchte weinen.

Doch am Himmel leuchtet ein Stern, der lacht.
Es ist, als reiche er ihm die Hand.
Die Tränen sind fort. Hell ist die Nacht.
Der Junge sieht eine Spur im Sand.
Die Spur führt ihn fort, sie führt zum Stall.
Und es leuchtet der Stern wie ein glühender Ball.

Was der Junge findet: Es ist nur ein Kind.
Ein kleiner Bub auf der Mutter Schoß,
gewärmt vom Atem von Esel und Rind.
Der Hirtenjunge fühlt sich jetzt groß.
Es wird ihm warm: Hier ist keiner klein.
Der Junge denkt: Hier möcht' ich immer sein.

Diese Spur, ich möchte sie heute noch finden.
Ist sie in einem fernen Land?
Ist sie verweht von Wüstenwinden,
die Spur, die der Hirtenjunge fand,
die Spur, die mich führt zum kleinen Kind,
bei dem auch die Kleinen Große sind?

Ich brauche den Stern, den glühenden Ball.
Doch ich seh' ihn nur in schönen Träumen.
Ich suche noch heute den Weg zum Stall.
Ich bin umringt von Tannenbäumen.
Die glitzern hell, aber ihre Lichter
Spiegeln nur unsre eignen Gesichter.

Doch bin ich sicher: Der Stern ist da.
So groß wie in jenen alten Zeiten.
Er ist an allen Orten ganz nah.
Willst du mich beim Suchen begleiten?
Gibst du mir dabei deine Hand?
Wir finden sie – die Spur im Sand.

Ganz hinten im Stall

Judith sitzt neben dem Großvater am Straßenrand. Die Körbe mit ihrem Gemüse stehen neben ihnen. Judith legt ihre kleine Hand in das Fell des Esels. Das Fell ist weich. Der Esel ist noch jung; er ist Judiths Freund; sie kennt ihn seit seiner Geburt.

«Sind die Körbe nicht zu schwer für mein Eselchen?» Großvater lacht. «Eselchen? Jetzt ist er doch schon ein großer Esel. Er soll uns das Gemüse zum Markt tragen.»

Großvaters Kopf kippt nach vorne. Er ist müde von der langen Reise.

«Großvater, schlaf nicht ein!», ruft Judith. «Schau doch die vielen Menschen auf der Straße! Gehen sie alle zum Markt?» Großvater bleibt stumm. Judith wartet auf eine Antwort. Sie wartet lange. Dann rüttelt sie den Großvater. «Schau doch, immer mehr Menschen, Großvater! So viele Menschen! Ihre Mäntel sind staubig. Sie kommen sicher von weit her. Was wollen sie in der Stadt?»

Erst jetzt reibt sich der Großvater die Augen. Auch er staunt über die vielen Wanderer. Langsam steht er auf und hängt die Gemüsekörbe wieder über den Rücken des Esels. Beim Weitergehen murmelt er: «Vielleicht gehen ja alle zur Volkszählung, ja zur Volkszählung. Alle sollen sich in ihrer Heimatstadt zählen lassen. Der römische Kaiser hat es befohlen. – Vorwärts, Judith, vorwärts!», sagt er dann laut, «da vorne ist schon das Stadttor.»

«Nein, nein!», ruft Judith. Vor dem Stadttor wird Großvater
von starken Männern gepackt; er wird mit Stöcken geschlagen.
Sein linkes Ohr blutet schon. Er wird auf den Boden geworfen.
«Gib den Esel her, du hast ihn gestohlen!», ruft eine raue Stimme. Zwei der Männer halten Großvater fest. Und er ruft: «Lügner, Lügner!» Doch die Männer halten ihm den Mund zu.

«Nein, nein!», will Judith nochmals rufen. Aber die Stimme bleibt in ihrem Hals stecken. «Geh, Mädchen, geh schnell!»,
sagt plötzlich eine Frau neben ihr. «Versteck dich, wir sorgen
für deinen Großvater, wir kennen ihn.» Die Frau drückt Judith
den Lederriemen des Esels in die Hand und wirft Großvaters
Mantel über ihre Schultern. «Geh fort mit dem Esel und versteck dich», sagt die Frau nochmals. Schnell verschwindet Judith mit dem Esel in der Menschenmenge.

Das Mädchen weint. Sie weiß: Großvater ist sicher kein
Dieb. Sie möchte ihm helfen. Doch sie tut, was die fremde Frau
gesagt hat. Sie verlässt die Straße. Sie stolpert, sie fällt immer
wieder hin, sie zerrt den Esel über Felder. So schnell sie kann.
Das Gemüse ist längst auf den Boden gekollert.

Der Stall, zu dem Judith endlich kommt, steht einsam. Er
ist nicht geschlossen. Vorsichtig blickt sie hinein. Ist er leer? Ja!
Judith versteckt sich mit Großvaters Esel ganz hinten im Stall.
Doch dem Esel gefällt es hier nicht. Immer wieder steht er auf.
Er schnuppert. Er schreit laut: «I-aah. I-aah.» Judith gibt ihm
das einzige Stück Brot, das in ihrem Rock steckt. Dann legen
sich Judith und der Esel hin. Judith breitet den Mantel über sie
beide. Sie denkt an Großvater. Was machen die fremden Männer mit ihm?

Ganz hinten im Stall schlafen sie ein, Judith und der Esel,
versteckt hinter einem Berg von Stroh.

Es ist Nacht. Hinter den Brettern der Stallwand blinkt ein Stern.
Die Stalltür öffnet sich knarrend. Eine Laterne wirft ein schma-
les Lichtband auf krumme Balken, auf eine Futterkrippe. Judith schaut auf. Sie hört einen Mann sagen: «Hier könnt ihr

bleiben. Es ist der einzige Raum in ganz Betlehem, der frei ist. So viele Leute sind gleichzeitig in die Stadt gekommen – wegen der Volkszählung. Doch auf dem Stroh könnt ihr liegen. Hier sind Decken. Wasser ist vor dem Haus. Gute Nacht.» Schwere Schritte entfernen sich.

In der offenen Tür steht jetzt ein riesengroßer Schatten. Aus dem Schatten werden zwei Menschen. Ein Mann legt die Frau, die er auf dem Rücken getragen hat, auf das raschelnde Stroh. «Hier sind wir sicher», flüstert er. Dann zieht er die Tür zu.

Der Esel ist nicht aufgewacht. Judith legt ihren Kopf wieder auf sein Fell. Niemand hat sie hier im Dunkeln gesehen. Sie schläft weiter.

Wieder wacht Judith auf. Die Strohhalme kitzeln. Nein, es ist noch nicht Morgen. Der Esel schläft fest. Die Stalltür aber steht jetzt offen. Der fremde Mann holt unter dem Sternenhimmel Wasser vom Brunnen. Er legt Stroh in die leere Futterkrippe und breitet eine Decke darüber. Und jetzt sieht es Judith genau: Im matten Licht der Sternennacht erkennt sie trotz der Dunkelheit die winzigen Fingerchen; sie hört ein schwaches Weinen. Wirklich: Die Frau, die im Stroh liegt, streckt dem Mann ein neugeborenes Kind entgegen. Es ist in Tücher gewickelt.

Sorgfältig bettet der Mann das Kind in die Futterkrippe und deckt es zu. «Es heißt Jesus», sagt die Frau. Dann ist es wieder still, so wunderbar still, als würde die Stille singen. Sie sind eingeschlafen, der Mann, die Frau und das Kind mit dem Namen Jesus.

Judith schaut hinaus durch die Stalltür, die offen geblieben ist. Der Sternenteppich wird blasser. Über den Feldern beginnt es zu flimmern. Langsam beginnt ein neuer Tag.

Auch Judith legt sich nochmals ins Stroh. Hat sie geträumt – oder ist es wahr? Sie ist glücklich. Sie schläft wieder ein. Ihre Hand liegt im weichen Fell des Esels.

Dann geht die Sonne auf, leuchtend und rund. Die Strahlen fallen schräg in den Stall. Sie dringen bis in die hinterste Ecke, als ob die Sonne genau wissen möchte, wer denn hier geschlafen hat, versteckt während der ganzen Nacht. Der Tag ist da.

Das Mädchen wischt sich die Strohhalme aus dem Gesicht. Der Esel schüttelt sich. Er steht auf seinen mageren Beinen. Auch Judith ist aufgestanden. Sie fühlt sich stark. Alle Angst ist verschwunden.

Erst jetzt schaut der Mann nach hinten. Er lächelt. «Wart ihr die ganze Nacht bei uns?», flüstert er. «Komm, Mädchen, komm zu uns. Schau! Heute Nacht ist ein Kind geboren worden. Es schläft.»

Doch nur der Esel geht zur Krippe. Ganz vorsichtig. Er beugt seinen Hals. Mit seinem Atem wärmt er das Kind.

Judith bleibt noch stehen; ganz hinten, an die Stallwand gelehnt. Hat sie nicht Stimmen gehört? Vielleicht kommen die Männer, die Großvater geschlagen haben? Suchen sie etwa den Esel? Judith zieht den Mantel des Großvaters enger um ihre Schultern. Sie möchte sich unsichtbar machen. Sie klammert sich an einen Holzbalken. Die Stimmen werden immer lauter. «Bleib hier, du dummer Esel», möchte sie rufen. Doch sie bleibt stumm. Stumm vor Angst. «I-aah. I-aah», antwortet der Esel laut. Er bleibt nicht bei der Krippe stehen. Seine Beine trippeln und trappeln in der Stalltür hin und her, als wolle er tanzen.

Die rauen Stimmen – jetzt sind sie ganz nah. Sie kommen ... Dunkle Gestalten stehen vor der offenen Tür. Keine Stöcke, keine Schreie! Das sind ja die Hirten, die Judith kennt: Gersom, David, Joachim, Simson. Hinter ihnen geht ein fünfter Mann, langsam, hinkend, auf einen Stock gestützt. Sein Kopf ist verbunden. Er atmet schwer. Er schaut sich vorsichtig um. Und plötzlich beginnt er mit der Zunge zu schnalzen. Er wirft den Stock von sich, breitet beide Arme aus und umfasst den Esel, der ihm entgegenrennt.

Wieder schaut er sich um. «Ist auch Judith da?», ruft er deutlich. Sein Kopf bewegt sich schnell hin und her, als wäre er ganz gesund. Und erst jetzt stolpert Judith zum Ausgang des Stalls.

«Großvater, Großvater!» Ihre Stimme ist kräftig, ihre Augen strahlen. Sie ist ganz zerzaust. Strohhalme hängen an Großvaters Mantel, der langsam von ihren Schultern rutscht. Sie umarmt den alten Mann. Sie küsst ihn. «Da, Großvater, dein Mantel!» Vor Freude weint Judith.

«Still doch, mein Kind, still!» Die Hand des Großvaters zeigt zur Krippe. Da knien sie: Gersom, Joachim, David und Simson. Sie haben Geschenke auf den Boden gelegt: Wolle, Käse, geschnitzte Holzlöffel, ein warmes Fell. Sie neigen ihre Köpfe vor dem Kind wie vor einem König. Deutlich sagt der Großvater: «Die ganze Welt ist neu. Dieses kleine Kind, es macht die Welt neu! Hörst du die Engel singen?»

Judith horcht und horcht. Warm und ruhig wird es in ihr. In kleinen Schritten geht auch sie zur Krippe. Sie streichelt die winzigen Finger des neugeborenen Kindes.

Später, auf dem Rückweg über die Weiden, liegt ihre Hand in der großen Hand des Grossvaters. Sie versucht zu verstehen, was Großvater sagt. Er erzählt vom Engel, der zu den Hirten gekommen ist. Er erzählt vom Kind, das geboren ist im Stall. Judith unterbricht ihn schnell: «Ja, die Hirten haben dem Kind Geschenke gebracht, ich habe es genau gesehen.» «Die Geschenke der Hirten sind schön, Judith. Aber das schönste Geschenk ist das Kind selbst – ein Geschenk für uns alle.»

Judith wird still. «Auch ein Geschenk für mich?» fragt sie später. «Natürlich, für dich ganz besonders. Das kleine Kind Jesus wird erwachsen werden. Es ist der Retter, auf den wir schon lange warten. Er ist stärker als der römische Kaiser Augustus – stärker als alle Herrscher dieser Welt. Er wird den Frieden bringen für alle Menschen; auch für die Männer, die mich verprügelt haben.» Großvater zeigt auf seinen verbundenen Kopf.

Beim Weitergehen über die Weiden stützt sich Großvater auf Judith. Er lacht plötzlich. Laut lacht er sein zahnloses Lachen. «Und mein Geschenk für das Kind», sagt er, «ist das allerbeste!» Seine Augen leuchten.

Sein Geschenk? Erst jetzt merkt Judith, dass der Esel im Stall geblieben ist. «Sie werden ihn brauchen können», sagt Großvater leise. Er wischt sich den Schweiß vom Nasenrücken. Die Sonne steht hoch am Himmel. Judith freut sich.

Verkehrte Welt oder:
Aurelius und der Schafsdieb

Noch drei Tage lang muss Aurelius Schafe hüten. Drei Tage –
er streckt drei Finger hintereinander auf: Daumen, Zeigefinger,
Mittelfinger. So lange wird er es noch aushalten – dann wird
er abgelöst. Das hat ihm der Meister versprochen. Noch drei
Tage lang fremde Schafe hüten. Nur ein einziges von ihnen gehört Aurelius selbst.

Zuerst hat er sich gefürchtet, allein hier draußen auf dem
Feld. Jetzt kennt er alle Nachtgeräusche. Das heisere Bellen in
der Ferne macht ihm keine Angst mehr. Er weiß: Es ist kein wil-
des Tier, nein, nur der Bauernhund.

Auch Aurelius hat einen Hund. Er heißt Nero. Er ist strup-
pig und schwarz.

Aurelius vergräbt seine Hand in Neros altem Fell. Der Hund
hört fast nichts mehr. Er beißt nicht mehr. Eigentlich ist er kein
guter Wächter. Aber er ist Aurelius' Freund.

Immer wieder fallen Aurelius die Augen zu. Schließlich legt
er seinen Kopf auf Neros Fell. Er schläft ein.

Aurelius träumt. Er träumt von einer eigenen Schafherde:
Alle Schafe gehören ihm, nicht nur das graue wollene, das schon
jetzt sein eigenes ist. Er zählt die Schafe. Er kennt sie alle mit
Namen. Er streichelt sie. Aurelius lächelt im Traum.

Doch plötzlich verschwindet sein Lächeln. Wenn du ganz
nahe hingehen könntest und dich über sie beugen würdest, über

den schlafenden jungen Hirten und den alten schwarzen Hund, könntest du sehen, wie sich Aurelius' Lippen jetzt zusammenpressen, wie es in seinem Gesicht, auch in seinen Händen zuckt. Selbst Neros alte Ohren zittern.

Aurelius reibt sich die Augen. Er setzt sich auf. Dann springt er auf die Beine. «Halt, halt», schreit er in die Dunkelheit hinaus. Er schwingt seinen Hirtenstock in der rechten Hand.

Das Feuer brennt nicht mehr. Im schwachen Licht der Glut aber sieht Aurelius eine schwarze Gestalt, die sich gerade davonmachen will.

In seinen Beinen, in seinen Armen spannt sich alles an. Die Wut macht Aurelius stark. «Schafsdieb du, Schuft, Räuber», schreit er. Seine Wut wird noch größer, als er merkt, dass sein eigenes Schaf fehlt, das graue mit dem schönen dicken Fell. Mit dem Stock in der Hand verfolgt er die schwarze Gestalt.

Aurelius würde den Dieb verprügeln, wenn er nicht Angst hätte, das Schäfchen zu treffen. So lässt er seinen Stock fallen. Er packt den Räuber von hinten. Er umklammert ihn. Er schüttelt ihn. Schnell stellt der Dieb das gestohlene Schaf auf den Boden.

Doch Aurelius wundert sich. Die schwarze Gestalt ist klein zwischen seinen kräftigen Händen. Was er spürt, sind schmale Schultern, dünne knochige Arme. Aus der dunklen großen Kapuze schauen ihn zwei ängstliche Augen an.

Sein Griff wird lockerer. Er umklammert mit seiner linken Hand nur noch einen Arm. Mit der rechten zerrt er den Strick, den er um seinen Bauch gebunden hatte, weg. Ja, fesseln will er den Räuber. «Stillhalten», befiehlt er. Mehrfach knüpft er den Strick um die mageren Handgelenke des Gefangenen.

Er zieht den Gefangenen zurück zum Feuer, zurück zum Lagerplatz, wo Nero wartet. Das graue Schaf mit dem dicken wollenen Fell trippelt hinter ihnen her.

Immer wieder stolpert der Dieb. Zum Glück hat Aurelius seinen Hirtenstock im Dunkeln wiedergefunden. Wenn er sich nicht stützen könnte, würden sie beide hinfallen.

Dann sitzen sie nebeneinander am Feuer. Mit der linken Hand hat Aurelius neues Holz auf die Glut gelegt, mit der rechten hält er seinen Gefangenen fest. In der Ferne ist der Bauernhund zu hören, der Hund des Meisters!

Dorthin will Aurelius den Dieb führen, wenn es hell wird. Schon bald machen sie sich auf den Weg: Aurelius mit dem mageren Dieb, der immer wieder stolpert. Durch stacheliges Gestrüpp geht es, über die Steppe, die im allerersten Morgenlicht wie ein Teppich schimmert. Das Schaf aber, das graue mit dem dicken Fell, springt nach rechts, springt nach links, rupft an Kräutern und Blumen. Es folgt den beiden Männern, manchmal von fern, manchmal ganz nah. Nero aber bleibt auf dem Feld, bei der Herde.

Näher, immer näher kommen sie zum Städtchen. Das Hundegebell ist jetzt lauter. Auch andere Hunde schlagen an. Die kleine Stadt beginnt zu leben. Frauen tragen ihre Krüge zum Brunnen außerhalb der Stadt. Beim Näherkommen ist das Geschrei von Eseln zu hören, manchmal auch die lauten Stimmen der Händler, die ihre Waren anpreisen.

Das Hoftor des Meisters steht weit offen. Der Hof ist voller Menschen, die durcheinander reden. Manche tragen bunte Reisemäntel, auch Turbane. Mit Eseln und mit Wagen sind sie von weit her gekommen. «Wo ist das Rathaus?», hört Aurelius einen Mann fragen. Im Gewühl bleibt er mit dem Dieb stecken. «Was ist hier los?», fragt er eine der Mägde. «Im Rathaus müssen sich alle einschreiben lassen. Jeder in seinem Heimatort. So will es der Kaiser. Und unser Meister ist drüben im Stall!» Die Magd zeigt wirklich zum Stall. Was macht denn der Bauer dort? Ist der Stall nicht leer, jetzt, da alle Schafe auf der Weide sind?

Aurelius führt den Gefangenen hinüber. Am Eingang des Stalls entdeckt er seinen Meister, der sich nach ihm umdreht und den Finger auf den Mund presst. «Leise, Aurelius, leise», flüstert er. «Hier wurde letzte Nacht ein Kind geboren. Von fremden Leuten, die zur Volkszählung ins Städtchen gekommen sind. In keinem Gasthaus haben sie Platz gefunden.»

Aurelius bleibt neben seinem Herrn stehen und schaut in den Stall. Auch das graue Schaf ist dabei. Der Dieb aber schielt nach vorn. Da sind eine Frau, ein Mann und ein winziges Kind in einer Futterkrippe.

Hirten knien vor dem Kind und beten es an. Aurelius staunt. Das sind doch Hirten, die er kennt. Hirten, die Schafe hüten wie er. Aurelius wundert sich immer mehr. Einer der Hirten aber winkt ihn zu sich; er flüstert ihm zu: «Aurelius, ich weiß, es ist ein heiliges Kind, ein Kind von Gott. Ein Engel hat es uns gesagt, draußen auf dem Feld.»

Beinahe lässt Aurelius den harten Strick los, der seine rechte Hand immer noch zusammenpresst. Doch jetzt zupft er seinen Meister am Ärmel. Er flüstert ihm etwas ins Ohr. Er zeigt auf den Gefangenen. Er schaut ins Gesicht der gebückten schwarzen Gestalt, in die großen dunklen Augen des kleinen mageren Mannes. Im Tageslicht erkennt er, dass die Haut faltig ist – die Haut eines alten Mannes! Der alte kleine Mann aber, der Dieb, der bis jetzt kein Wort gesagt hat, streckt sich plötzlich. Er scheint größer zu werden. Seine Kapuze fällt nach hinten. Laut beginnt er zu sprechen, so laut, dass alle erstaunt auf ihn schauen. In die Stille hinein sagt er: «Heute ist der Messias geboren worden. Ja, dieses kleine Kind. Es bringt Frieden für alle Menschen der Erde.»

Wieder ist es sehr still. Alle blicken auf das Kind. Dann beginnen sie leise miteinander zu reden. «Auch der Engel hat vom Messias gesprochen», sagt einer der Hirten. «Frieden – ja vom Frieden haben die Engel gesungen.»

Aurelius hält immer noch den harten, angespannten Strick in der Hand. Er wird unsicher. «Lass ihn frei», sagt der Meister. «Lass ihn frei! Es ist der alte Simson. Ich kenne ihn. Er soll wieder zu uns gehören an diesem Friedenstag.» Der Meister selbst löst den Strick an Simsons Händen.

Simson steht nahe bei der Krippe. Er beugt die Knie. Er streck eine Hand aus, um das Kind zu streicheln. Die faltige Hand zittert. Neben ihm drängt das graue Schaf nach vorn. Es zupft Strohhalme aus der Futterkrippe.

Der Messias, denkt Aurelius, der müsste doch ein mächtiger König sein – und jetzt: ein Kind! Ein Kind in der Krippe! Ein Kind neben einem Schaf. Ein armes Kind! Und wie Aurelius «armes Kind» denkt, schrickt er plötzlich auf. «Es soll nicht mehr arm sein», ruft er. «Ich weiß etwas! Ich schenke ihm ein Schaf, mein graues, wollenes – es ist das beste. Nehmt es, nehmt es für euer Kind!»

Nachdem auch Aurelius das Kind von ganz nahe angeschaut hat, macht er sich auf den Weg, zurück zu den Schafen, zurück zu Nero, seinem alten Hund. Er geht über Steine, durch Gestrüpp. Jetzt ist es heiß. Der bunte Teppich glitzert.

Aurelius vergisst diese Nacht nie: das arme Kind, das Messias heißt – und den Räuber, den man nicht bestraft. Diese Nacht nennt Aurelius für sich selbst «verkehrte Welt.»

Erst viele hundert Jahre später wird man sie Weihnacht nennen.

Ein Stern zeigt den Weg nach Betlehem

Leise reden die Männer miteinander. Sie reden vom Stern, von einem riesigen Stern. Immer wieder schauen sie nach oben. Im Schein der Öllampe haben sie merkwürdige Linien in den Sand gezeichnet – eine Sternkarte!

Die Männer rechnen, sie zählen und lesen in den alten Pergamentrollen. «Ein neuer König ist geboren worden», murmelt einer. «Der Stern ist ein Zeichen dafür.»

Auch Zapor ist aus dem Haus gekommen. Die Frauen und die andern Kinder schlafen. Er setzt sich zu den Sterndeutern auf den Boden. Er sieht, wie die Männer rechnen, zeichnen und nachdenken. Zapor möchte fragen. Er schaut seinen Vater an. Zapor weiß: Mein Vater und seine Freunde sind die besten Sterndeuter von Babylonien. Auch er möchte Sterndeuter werden.

Plötzlich sagt Zapors Vater mit fester Stimme: «Der König der Juden ist geboren worden. Unsere Zeichnung ist klar. Auf ihn zeigt der Stern.»

Die andern Männer springen auf. Sie umarmen sich vor Freude. Endlich wissen sie, was der große Stern bedeutet. «König der Juden» schreiben sie in den Sand.

Da ruft der älteste der Männer: «Kommt! Wir wollen zu ihm gehen! Wir wollen ihn suchen, diesen König der Juden. Sein Land ist klein und weit weg – aber er wird mächtig sein.

Wir wollen zu ihm gehören und ihn anbeten.» Denn in den alten Schriften steht über ihn geschrieben:

Er wird herrschen bis ans Ende der Erde.
Alle Völker sollen zu ihm gehören.
Geschenke sollen sie ihm bringen.
Ein Helfer wird er sein für die Armen und Traurigen.
Allen wird er helfen, so wie der Regen aufs Land fällt
nach langer Trockenheit.

Erst gegen Morgen trennen sich die Sterndeuter. Die ganze Nacht haben sie geredet, vom riesigen Stern und vom König der Juden. Sie wollen den König besuchen. Bald wollen sie sich auf die Reise machen. Morgen wollen sie packen.

Das Zelt aus Ziegenfellen wird zusammengerollt. Auch warme Decken werden eingepackt. Lederbeutel werden mit Wein und Wasser gefüllt. Alles wird im Hof bereitgestellt. Die Frauen backen viele kleine Brote, die sie den Sterndeutern als Vorrat mitgeben wollen.

Zapor darf seinen Vater auf der Reise begleiten. Er denkt: Ich bin schon groß und kräftig – ich kann dem Vater helfen. Und ich habe scharfe Augen wie ein Adler – ich werde es als erster sehen, wenn der Stern sich bewegt.

Zapor freut sich auf den König der Juden, und er fragt: «Vater, was werden wir ihm mitbringen? Wo sind die Geschenke, von denen in den alten Schriften geschrieben steht?»

Ganz hinten im Haus gräbt der Vater ein Loch in den erdigen Boden; hier hat er die Schatztruhe mit dem Gold versteckt. Er will sie dem neuen König schenken, mit seinem ganzen Gold.

Auch die andern Sterndeuter machen sich bereit für die lange Reise. Ihre Tiere sind bepackt. Auch sie haben Geschenke, die sie sorgfältig unter den Tüchern und Kleidern verstecken.

«Ich habe einen ganzen Sack Weihrauch – zwanzig Jahre habe ich alles Harz meines Weihrauchbaumes gesammelt. Es wird herrlich duften beim König der Juden, wenn er die Weihrauchkörnchen verbrennt.»

«Ich habe eine Flasche voll Myrrhe – auch sie riecht wunderbar. Der König kann sie als Heilsalbe brauchen. Mein Kostbarstes ist diese Flasche», sagt ein anderer Sterndeuter und streicht mit der flachen Hand über sein bepacktes Kamel.

«Und ich habe Perlen versteckt, ganz unten in der Satteltasche – Perlen, die mein Vater vom großen Meer nach Hause gebracht hat.»

Alle Männer sind stolz auf ihre Geschenke für den König der Juden.

Der Esel und die Kamele sind endlich bereit. Zum Gepäck gehören lange Stöcke – das sind die Zeltstangen. Auch gegen wilde Tiere kann man die Stöcke gut brauchen. Die Reise wird gefährlich sein. Sie wird viele Wochen dauern.

Lange ziehen sie durch die Wüste. Immer wieder müssen sie Wasser suchen. Sie steigen über Berge. Sie waten durch Flüsse. Es ist heiß. Hohe Turbane schützen ihren Kopf vor der stechenden Sonne.

Nachts lagern sie sich um ein Feuer. Sie haben ihre Zelte aufgeschlagen. Der riesige Stern leuchtet über ihnen. Vor dem Einschlafen reden die Sterndeuter vom König der Juden. Sie freuen sich. Sie sind sicher: Er wird auch uns helfen!

Sehr früh morgens stehen sie wieder auf. Es ist noch dunkel. Der Stern geht vor ihnen her. Er zeigt ihnen den Weg. Zapor darf ein manchmal auf dem Esel reiten. Immer sieht er hinauf zum Stern. Er sieht den Stern auch noch, als es schon Morgen wird. Er kann seine scharfen Augen gut brauchen.

Endlich sehen sie in der Ferne den Hügel mit der großen Stadt Jerusalem. «Vater, schau, wie das Dach des großen Hauses glitzert.» Zapor bleibt wie geblendet stehen. «Das ist der neue Tempel der Juden – das Haus, in dem sie ihrem Gott opfern und zu ihrem Gott beten.»

Erschöpft kommt der Zug der Sterndeuter oben auf dem Hügel an. Die Straßen von Jerusalem sind voller Schafe und Ziegen, voller Menschen. Auch Blinde und Lahme sitzen am Straßenrand. Sie strecken ihre Hand aus und betteln in einer fremden Sprache. Zapor denkt nach: «Ein Helfer wird er sein für die Armen und Traurigen.» Steht das nicht in den alten Schriften? Wenn das Königskind groß ist, wird es diesen Menschen helfen!

Alle machen den fremden Sterndeutern Platz. Sie zeigen ihnen den Weg zur Königsburg, zu König Herodes.

Zapor aber zupft den Vater am Ärmel und fragt: «Wohnt er wirklich hier, der König der Juden? Ich habe den Stern genau gesehen in den letzten Nächten – er stand nicht über dem Stadthügel von Jerusalem. Nein dort, mehr im Süden! Ich glaube, wir sind am falschen Ort.» Der Vater schüttelt nur den Kopf und lacht. «Hier ist doch die Königsburg. Denkst du, ein Prinz werde draußen auf dem Land geboren? Wir fragen König Herodes. Er wird es wohl wissen!»

Bald kommen die Sterndeuter zur Königsburg. Sie hat keine Fenster. Soldaten stehen davor. Sie schieben eine Eisenstange beiseite und öffnen das schwere Tor. Die Esel und Kamele werden draußen angebunden. – Durch einen langen Gang schreiten die Sterndeuter zum Königssaal. Ihre Schritte hallen in den hohen Räumen.

Alle fallen vor dem König auf die Knie. Sie fragen: «Wo ist der neugeborene König der Juden? Der König, der allen helfen wird? Wir haben nämlich seinen Stern gesehen, weit von hier, in Babylonien. Wir sind gekommen, um ihn anzubeten, den neugeborenen König der Juden.»

Da zuckt König Herodes zusammen. Zapor sieht es mit seinen Adleraugen genau. Der König wird weiß und starr. Schnell sagt er: «Kommt wieder, wenn ich euch rufen lasse. Dann kann ich euch mehr sagen über den König der Juden.»

Zapor hat sich nahe an den Vater gedrückt. Er hat Angst vor diesem König. Zuerst hat er Angst gehabt vor den beiden Löwen neben dem Thron. Aber zum Glück sind sie nur aus Stein. Zapor weiß: Wir sind hier am falschen Ort. Ich habe den Stern genau gesehen. Mit diesem König kann das Kind, das wir suchen, nichts zu tun haben!

Zapor und die Sterndeuter warten. Sie fragen in der ganzen Stadt nach dem neugeborenen König. Sie fragen auch in den Säulenhallen des Tempels. Sie warten einen ganzen Tag und eine lange Nacht. In der Dunkelheit ist es eisigkalt. Sie wollen wach bleiben. Sie treten von einem Bein aufs andere.

Den großen Stern aber sieht Zapor außerhalb der Stadt über den felsigen Bergen. Er leuchtet so hell wie noch nie. Zapor streckt seine Arme empor und ruft: «Wir sehen dich, großer Stern! Wir kommen bald!»

Endlich werden die Sterndeuter wieder zu König Herodes gerufen. Er lacht. Er macht ein freundliches Gesicht. Aber Zapor sieht, dass seine Hände zittern, während er sagt: «Zieht hinaus nach Betlehem. Dort wird der König der Juden geboren, so sagen es die alten Schriften. Zieht nach Betlehem, sucht das Kind und betet es an. Kommt dann zu mir zurück und erzählt mir von dem Kindlein. Ich möchte auch zu ihm gehen. Ich möchte es anbeten. Ich möchte ihm dienen und ihm Geschenke bringen.»

König Herodes verabschiedet sich von den Sterndeutern. Er lächelt. Aber seine Hände verkrampfen sich auf den steinernen Mähnen der beiden Löwen. Doch schon haben sich die Männer aus Babylonien von Herodes verabschiedet. Sie haben große Körbe mit Früchten bekommen. Sie haben sich bedankt.

Noch am selben Tag eilen sie nach Betlehem, allen voraus Zapor. Und abends steht der Stern wieder vor ihnen – er steht über dem Dorf Betlehem. Groß und strahlend steht er da. Jetzt ist er ganz nahe. Über einem einfachen Haus ist er stillgestanden.

Die Sterndeuter sind hocherfreut. «Morgen früh besuchen wir das Kind. Jetzt ist es zu spät.» Ganz nahe beim Dorf schlagen sie ihre Zelte auf.

Aber in der Nacht kann Zapor nicht schlafen. Immer wieder schaut er aus dem Zelt. Ist der Stern noch da? Steht er noch am selben Ort? Zapor freut sich auf den neugeborenen König der Juden.

Und dann, am Morgen, finden sie das kleine Kind. Es sitzt auf dem Schoß seiner Mutter. Es lacht. Zapor schaut es ganz genau an. Sieht es aus wie ein König? Zuerst ist der Junge enttäuscht. Das kleine Kind ist wie alle andern kleinen Kinder. Aber Zapor weiß: Später wird es ein Helfer sein und ein König. Alle Menschen der Erde werden zu ihm gehören.

Zusammen mit den Männern wirft er sich auf den Boden. Sie beten das Kind an. «Wir freuen uns, dass wir dich gefunden haben. Wir danken dir, dass du da bist, König der Juden! Du wirst auch unser Helfer sein.»

Nach kurzer Zeit fallen Zapor die Geschenke ein. Er hat merkt, dass Maria und Josef, die Eltern des Kindes, arm sind. Er eilt vors Haus. Er räumt die ganze Satteltasche des Esels aus. Ganz unten ist die Schatztruhe mit dem Gold. «Hier», flüstert er und stößt seinen Vater an, «hier, gib dem Kind das Geschenk!»

Und jetzt bringen ihm alle ihre Geschenke: Gold, Weihrauch und Myrrhe, aber auch Perlen, Edelsteine und Schnitzereien. Alles legen sie Maria zu Füßen.

Den ganzen Tag bleiben sie beim Kind und bei seinen Eltern.

In der nächsten Nacht schickt Gott den Sterndeutern einen Traum. Er sagt zu ihnen im Traum: «Zieht sofort zurück nach Babylonien. Macht einen großen Umweg um die Stadt Jerusalem. Geht nicht zum bösen König Herodes.» Sie alle wissen: Herodes meint es nicht gut mit dem Kind. Er kann auch für sie gefährlich werden.

Die Sterndeuter ziehen fort über Berge und Flüsse, durch die Steppe, fast ohne Ruhepause. Möglichst schnell weg von König Herodes! Auch Zapor muss mit seinem Vater zurückreisen. – Der große Stern ist verschwunden. Zapors Adleraugen können ihn nicht mehr entdecken.

Aber überall erzählen sie von dem kleinen König, vom Kind: «Der große Stern hat uns zu ihm nach Betlehem geführt. Es ist noch winzig. Es ist arm. Aber wartet, bis es groß ist. Es wird ein Retter sein, nicht nur für die Juden, auch für uns. Seine Eltern haben ihm den Namen Jesus gegeben.» Und die Sterndeuter sagen es weiter, was sie in den alten Schriften vom König gelesen haben:

Er wird herrschen bis ans Ende der Erde.
Alle Völker sollen zu ihm gehören.
Geschenke sollen sie ihm bringen.
Ein Helfer wird er sein für die Armen und Traurigen.
Allen wird er helfen, so wie der Regen aufs Land fällt
nach langer Trockenheit.

Auch Maria und Josef mit dem Kind müssen fliehen. Sie haben Angst vor König Herodes. Im Traum hat auch mit Josef ein Engel Gottes geredet. «Flieht nach Ägypten», hat er gesagt.

Der Esel trägt Maria und den kleinen Jesus. Folgsam läuft er neben Josef her. Josef aber kennt den Weg. In einem Bündel trägt er das Brot für unterwegs. In der andern Hand hält er einen großen Stock. Er ist immer bereit, wilde Tiere und Räuber zu vertreiben. Die Geschenke hat er an seinen Gürtel gebunden. Unter dem weiten Mantel sind sie gut versteckt.

Und Gott beschützt die Eltern und den kleinen Jesus. Maria und Josef wissen: Gott ist bei uns. Unser Sohn soll wachsen. Er wird ein Helfer sein für alle Menschen.

Die Flucht nach Ägypten, um 1503

Rahel, die kleine Bettlerin

«Rahel, unser letztes Brot ist gegessen. Unser letztes Silberstück ist verbraucht. Ich weiß nicht, wann der Vater wiederkommt. Rahel, du musst betteln gehen!» Rahel schrak zusammen. Sie hatte diesen Satz befürchtet. Sie hasste das Betteln. Rahel war stolz.

In der Höhlenwohnung bei Betlehem war es auch jetzt, mitten am Tag, fast dunkel. Alles schien grau: die Matten, auf denen sie nachts schliefen, die Ecke, in der die Geschwister spielten, das Körbchen mit dem Jüngsten, der schlief. Von der Feuerstelle ging etwas Licht und Wärme aus. Aber nur ein kleines Feuer brannte. Das Holz war knapp.

«Lebt wohl», sagte das Mädchen. Es blieb zuerst unschlüssig stehen, schaute zum Körbchen hinüber und wickelte sich dann in das warme Tuch ein, das die Mutter ihm in die Hand gedrückt hatte. Langsam stieg es den steilen Pfad hinunter.

Die ersten Häuser des Städtchens tauchten hinter dem nächsten Felsvorsprung auf. Sie wurden größer und deutlicher. Plötzlich stand Rahel mitten im Getriebe der Straßen: Händler riefen ihre Ware aus, Esel wurden durch die Gassen gezerrt, römische Soldaten standen auf dem Platz. Sie lachten. Rahel konnte nicht verstehen, was sie sagten.

Besonders viele Leute liefen vor dem Rathaus zusammen. Auch Fremde waren dabei, die Rahel noch nie gesehen hatte. Vielleicht hatten sie Geld? Vielleicht waren sie großzügig? Das

Mädchen streckte seine Hand aus. Hier warteten noch andere Menschen: ein blinder Bub und ein uralter Mann mit seinem Hund. Es war gut, nicht allein betteln zu müssen.

«Der Vater noch nicht zurück?», fragte der Mann mit dem dicken Geldbeutel in der einen und der Tafel in der andern Hand im Vorübergehen.

Rahel fuhr zusammen. Ja, der Mann hatte dem Vater Geld geliehen! Hoffentlich kam Vater bald zurück! Hoffentlich brachte er Geld mit!

Die Leute aber, die in dem großen Haus ein- und ausgingen, beachteten Rahel nicht. Sie schienen erschöpft. Ihre Kleider und Schuhe waren staubig, als ob sie von weither gewandert wären.

«Auf Befehl des Kaisers. Ja, Kaiser Augustus'», sagte der uralte Bettler zu Rahel, als er ihre fragenden Augen sah. «Alle müssen sich an dem Ort einschreiben, wo ihre Familie herkommt – der Kaiser will unser Volk zählen, er will wissen, woher wir alle kommen.»

«Haben sie wohl Geld, diese Menschen?», fragte Rahel.

«Ich hoffe es», sagte der Bettler, «aber die meisten scheinen arm zu sein. Schau ihre Kleider an! Und dann brauchen sie doch Geld, um ihren Wirt bezahlen zu können!»

Jetzt verstand Rahel auch, warum die Gasthäuser so voll waren; überall waren schreiende Esel angebunden, aus den Gaststuben drang Stimmengewirr.

Ihr Arm war steif. Vergeblich hatte sie ihre Hand ausgestreckt. Auch die Hand des blinden Jungen blieb leer. Der uralte Bettler war eingeschlafen. Der Hund leckte seine Hände. Vergeblich versuchte er, seinen Herrn zu wecken. Rahel wartete und wartete. Ihr wurde kalt. Sie hüllte sich fester in ihr Tuch. Der Platz wurde leerer. Ihre Hoffnung, noch etwas zu bekommen, wurde immer kleiner. Sie stand auf. Die Händler räumten ihre Waren, die sie auf der Straße ausgebreitet hatten, weg. Die Frauen, die Gemüse angeboten hatten, packten das Nichtverkaufte wieder auf ihren Rücken: ihre Bohnen, ihre Zwiebeln, ihre Kürbisse und die Oliven. Bittend streckte Rahel da und dort ihre Hand aus. Aber die Frauen schüttelten ernst den Kopf; sie hatten kaum etwas verkauft, und sie waren arm.

Nur eine jüngere Frau mit einem lustigen Gesicht und großen silbernen Ohrringen lachte Rahel an; es war die Frau, von der man munkelte: «Sie geht mit den Römern. Sie ist eine Schlampe. Sie liebt nur die äußere Pracht.» Diese Frau verkaufte Blumen, die fremdartig dufteten, weiße Blüten mit zarten, gefiederten Blättern.

«Komm, armes Kind, ich schenk dir eine!» Sie streckte Rahel die letzte Blume hin und verschwand dann in der Menge, stolz aufgerichtet; ihre Ohrringe klingelten.

Wie benommen stand Rahel da. Was sollte sie mit einer Blume, mit dieser wertvollen Blume? Zu essen brauchte sie doch, zu essen! Tränen stiegen ihr in die Augen.

«Wer möchte eine Blume kaufen?», rief sie verzweifelt. Aber niemand beachtete das Kind und seine schwache Stimme in dem Getriebe. Alle wollten vor Einbruch der Dunkelheit nach Hause kommen.

Rahel las im Halbdunkel Zwiebelschalen auf, kleine Reste von Kräutern, ein einzelnes Lorbeerblatt; und sie fand drei Pfefferkörner, die auf der Straße liegen geblieben waren. Nichts war das im Grunde – kaum ein bisschen Gewürz für eine Wassersuppe. Sie breitete ihr warmes Tuch auf den Boden und legte alles, was sie gefunden hatte, darauf. Jetzt knotete sie das Tuch zusammen. Es war sehr leicht. Rahel fror. Was würde Mutter sagen?

Das Mädchen ging nicht geradewegs nach Hause. Es verließ den Ort auf der großen Landstraße – vielleicht kam da noch ein reicher Wanderer, der dem Kind etwas schenkte?

Aber die Landstraße war leer und unheimlich. Es war inzwischen dunkel geworden. Aus den Büschen zu beiden Seiten des Hohlwegs drangen merkwürdige Geräusche. Rahel war froh, dass die Straße bald übers freie Feld führte. Man sah beim Schein des Mondes wieder in die Weite. In Umrissen erkannte das Mädchen die Felsen, in denen ihre Höhlenwohnung war.

Es war nicht weit dorthin! Querfeldein machte Rahel sich auf den Weg nach Hause, zuerst leichtfüßig über ein abgeerntetes Feld, dann hinunter in ein kleines Tal, auf der andern Seite hinauf. Das machte müde! Das Mädchen setzte sich auf einen Felsbrocken, um auszuruhen.

Wie lange hatte sie wohl geschlafen? Stimmen weckten Rahel, Männerstimmen, ganz nahe. Und dann tauchten hinter den Büschen Laternen auf. Im Schein einer Laterne erkannte Rahel den alten Hirten Jakob, hinter ihm andere Hirten mit ihren Hirtenstäben, zuhinterst die Buben, unter ihnen Salomon und Benjamin, die ihre Schafe oft nahe bei Rahels Höhle weideten. Warum ließen sie ihre Schafe allein, mitten in der Nacht? Was hatten die Hirten vor?

«He, Salomon!», rief Rahel, «wohin geht ihr?» Sie war überglücklich, in der Nacht nicht mehr allein zu sein, und merkte erst jetzt, dass sie ganz nahe bei einem Feldweg eingeschlafen war. Erstaunt blieben die Hirten stehen.

«Siehst du das große Licht? Dem müssen wir folgen. Die Engel Gottes haben es uns gesagt. Wir werden dort ein Kind finden. Dieses Kind wird unser Heiland sein.»

Rahel sprang auf. Diese Worte des alten Jakob waren aufregend. Engel? Richtige Engel hatten die Hirten gesehen? Sie hatte keine Gelegenheit, weiter zu fragen. Doch sie wusste: Ich will mit, mit zu diesem Kind mit dem merkwürdigen Namen. Sie hielt sich dicht an Salomon und Benjamin, sie musste sich anstrengen, dass sie mit den Männern und den großen Buben Schritt halten konnte.

Immer stand das wunderbare Licht über ihnen. Es war heller als der Mond. Es war, als ob es direkt über einem kleinen Stall stehen würde.

«Der Stall von David, dem Wirt des Gasthofs zum Löwen», flüsterte einer der Hirten. Leise ging Jakob voraus und schaute ins Innere des einsamen kleinen Hauses. Jetzt winkte er, er nickte eifrig dazu – das sollte wohl heißen: «Ja, hier sind wir richtig!»

Erst jetzt, im Stall, sah Rahel, dass alle etwas für das Kind, das hier in einer Krippe lag, mitgebracht hatten, alle etwas von dem wenigen, das sie hatten: ein Stück Käse, ein Brot, ein Stück Fleisch, ein paar Eier oder ein junges Schaf.

Traurig schaute Rahel auf ihr Bündel, das zusammengeknotete Tuch mit den spärlichen Gewürzen. Was sollte das Kindlein damit anfangen? Doch halt! Da steckte in ihrer andern verkrampften Hand ja die Blume, die fremdartige Blume, die immer noch herrlich duftete, deren gefiederte Blätter nur ein wenig schlaff geworden waren.

Als alle ihre Geschenke in den Stall getragen hatten und vor der Krippe und den Eltern des kleinen Kindes niederknieten, wagte sich auch Rahel hinein. Sie steckte die weiße Blume vorsichtig ins Stroh, auf dem das Kind lag, genau zu seinen Füßen. Es kann noch nicht sehen und auch noch nicht lachen, dachte das Mädchen, aber wer weiß, vielleicht kann es riechen? Lange schaute Rahel das Kind an. Alle waren still. Allen war warm, obwohl nirgends ein Feuer brannte.

Die Hirten aber standen bald wieder auf. Sie mussten zurückwandern zu ihren Schafen und zu ihren Hirtenfeuern, die sie nicht ausgehen lassen wollten. Und allen wollten sie erzählen von dem wunderbaren Kind, dem Heiland.

«Komm mit uns, Rahel, deine Mutter wird sich um dich sorgen», sagte Salomon.

«Aber mein Tuch ist fast leer. Ich kann nicht ohne Geld und ohne Essen nach Hause kommen. Die Kleinen haben Hunger!» Und da begann Rahel zu weinen, obwohl sie so froh war bei dem Kind im warmen Stall.

Doch Salomon zog sie so fest, dass sie aufstehen musste. «Morgen komme ich wieder zu dir. Von dir will ich zu Hause erzählen», flüsterte Rahel dem Kindlein zu. Und sie nahm ihr Bündel in die Hand und ging mit den beiden Buben in die Nacht hinaus. Das Bündel aber war plötzlich nicht mehr leer und leicht, sondern voller wunderbarer Dinge; von allem, was die Hirten gebracht hatten, war etwas drin.

«Der Vater des Kindes hat es dir eingepackt. Ich hab's genau gesehen», sagte Benjamin.

Zu Hause aber, in Rahels Höhle, brannte noch immer ein kleines Feuer. Die Mutter sprang auf, als sie die Kinder im Eingang sah. Sie hatte gewacht und um ihre Tochter gebangt.

«Rahel, da bist du, wie bin ich froh! Rahel, schau, der Vater ist heimgekehrt, er hat Geld verdient – morgen werden wir unsere Schulden bezahlen können.»

Da erst sah das Mädchen seinen Vater neben den Geschwistern auf der Matte liegen. Und leise, nachdem Salomon und Benjamin in der Nacht verschwunden waren, erzählte Rahel vom Kind im Stall, vom Kind mit dem merkwürdigen Namen Heiland. Und damit ihr die Mutter auch wirklich glaubte, streckte sie ihr das volle Bündel, das sie beim Eingang der Höhle abgestellt hatte, entgegen.

«Mutter, dieses Kind wird ein König werden, das sagen die Hirten. Ein König, stärker als der Kaiser Augustus. Ein König, der den Menschen hilft und sie froh macht. Morgen will ich dir das Kind zeigen.»

Dann schliefen auch Rahel und ihre Mutter ein. Sie hatten sich mit dem warmen Tuch zugedeckt, nachdem die Mutter alles im Schein des Feuers angeschaut hatte: Brot, Käse, einen kleinen Lederbeutel mit Milch und einige Früchte. Rahel hatte ihren großen Hunger vergessen, obwohl sie den ganzen Tag nichts gegessen hatte.

Die stumme Marie und der Wunderstern

Die Frauen waschen im Bergbach. Sie reiben die schmutzige Wäsche. Sie wringen die Wäschestücke und schütteln sie wieder glatt. Auch Marie wäscht. Sie wäscht große Tücher. Marie ist kräftig. Es ist die Zeit der kurzen Tage, der langen Nächte. Schnell verschwindet die Sonne hinter den Bergspitzen. Eilig sammeln die Frauen ihre Wäschestücke, ihre Körbe und Waschbecken ein. Auf dem Kopf tragen sie alles nach Hause. Sie hüllen sich in ihre warmen Wolltücher.

«Ein Stern, ein Stern!» Marie kann nicht rufen. Sie ist stumm. Sie winkt. Sie zeigt. Niemand sieht sie. Die andern Frauen sind schon zu weit weg. Marie staunt. Aus ihrem Becken leuchtet er ihr entgegen – ein Stern, wie sie noch nie einen gesehen hat. Hell und glänzend. Glänzend wie Gold.

Ein Wunderstern ist in mein Becken gefallen, denkt sie. Ich will das Wasser mit dem Stern nach Hause tragen. Vorsichtig hebt sie das volle Becken mit beiden Händen vom Boden. Sie macht kleine Schritte. Der Weg nach Hause ist steinig. Es wird immer dunkler. Zweimal stolpert Marie. Sie spürt das kalte Wasser auf ihren Füßen.

Als sie zu Hause ankommt, ist das Becken noch halbvoll. Nein, sie hat den Wunderstern nicht verloren! Leise stellt Marie das Becken hinter ihr kleines Haus. Hier ist es in Sicherheit. Aus ihrer Schlafkammer sieht sie den Stern im Wasser. Immer wieder steht sie auf, bevor sie einschlafen kann.

Am nächsten Morgen hört Marie viele Stimmen vor dem
Haus. «Kennt ihr den Weg, der über die Berge führt?», fragt
ein Mann. Viele Frauen und Kinder stehen auf dem Dorfplatz.
Langsam kommen auch die Männer vom Feld. Alle staunen
über die fremden Menschen in den Reisemänteln. «Kamele, Kamele! Schaut, ein Elefant!», rufen die Kinder. Marie streicht mit
den Fingerspitzen über den bunten Mantel einer fremden Frau.
Wenn sie sprechen könnte, würde sie fragen: «Geht ihr wirklich über die Berge? Es ist gefährlich. Bald kommen die Win-
terstürme.»

«Wir wollen weiterziehen. Es eilt», sagt die fremde Frau.
«Gebt uns doch einen Führer mit, damit wir den Weg auf die
andere Seite des Gebirges finden.»

Die Leute des Dorfes schauen sich an. Sie haben Angst. Einer der fremden Männer aber sagt: «Kommt denn keiner von
euch mit? Schön wird unsere Reise sein und weit, sehr weit.
Denn wir suchen ein Königskind. Seht, wir bringen ihm Geschenke.» Dann fährt er fort: «Ja, ein Königskind ist geboren
worden. Dort, hinter den Bergen. Wir wollen es besuchen; denn
es wird Frieden bringen, Frieden für die ganze Welt. Kommt
doch mit. Bis heute Abend könnt ihr überlegen; denn wir reisen nur in der Nacht.»

«Warum denn in der Nacht? In der kalten, dunklen Nacht?»,
fragen die Leute des Dorfes. «Geheimnis, Geheimnis», antwor-
ten die fremden Frauen und Männer.

Mitten am Tag legen sie sich schlafen. Sie dürfen sich in
den Hütten des Bergdorfs wärmen. Abends aber brechen sie
auf, diese Männer und Frauen. Der Elefant, die Kamele und
Esel haben geschlafen. Sie haben wieder Kraft.

Die Menschen im Bergdorf schütteln den Kopf. In der
Nacht? Im Winter? Nein, wir gehen nicht mit. «Gute Reise!
Kommt doch auf der Rückreise wieder vorbei. Dann könnt ihr
erzählen vom Königskind, von eurem Wunderkind.»

Wer geht da mit den Fremden mit? Ganz vorn im Zug geht
sie, gehüllt in warme Tücher, ein Wasserbecken mit beiden

Armen umklammert. «Schaut, da geht die stumme Marie», flüstern einige Frauen.

«Gute Reise, Marie», ruft ein Kind. «Gute Reise, Marie», rufen jetzt auch die Frauen. Marie kann nicht rufen. Sie kann nicht einmal winken. Mit beiden Händen hält sie ihr Wasserbecken. Sie nickt nur mit dem Kopf. Mit dem Kopf, aber auch mit ihren Füßen zeigt sie den Weg. Sie geht voraus. Sie kennt sich aus. Bald verschwindet der Zug der fremden Menschen mit ihren Tieren hinter den Felsen.

Übers Gebirge, durch den Schneesturm geht die Reise. Später wird der Himmel klar. Kalt pfeift der Wind. Marie stapft durch den Schnee voraus. Vorsichtig setzt sie Schritt vor Schritt und hält ihr Becken fest umklammert. Sie will kein Wasser aus schütten. Denn im Wasser liegt der Stern. Ihr Geschenk fürs Königskind. Das Gebirge ist groß. Der Weg ist lang. Eine Nacht ist so kalt, dass das Wasser in Maries Becken zu Eis wird. Hart gefroren! Der Stern im Becken ist matt geworden. Aber er ist noch da! Jetzt kann das Wasser nicht mehr überschwappen. In dieser Nacht werden Maries Schritte leicht und schnell.

Doch dann werden die Nächte wärmer. Der Weg geht durch die Wüste. Marie geht jetzt ganz hinten im Zug. Hier kennt sie den Weg nicht. Immer mehr Frauen, Männer und Kinder schließen sich an. Staubig und heiß ist die Reise. Zum Glück finden sie immer wieder eine Höhle, in der sie am Tag schlafen können.

Nachts geht die Reise weiter. Der kleine Wüstenfuchs versteckt sich in der Höhle. Die Kinder aber starren immer wieder auf Maries Becken. «Schön ist er, dein glänzender Stern. Dein Geschenk fürs Königskind», sagt das eine. «Wasser hast du, Marie, Wasser», sagt das zweite. «Ich habe Durst», sagt das dritte Kind an einem Abend.

Marie erschrickt. Ja, alle haben Durst. Ihre Lippen sind trocken und aufgesprungen. Besonders die Kinder haben Durst. Darf sie ihr Wasser verschenken? Was geschieht dann mit ihrem Stern?

Am nächsten Abend lässt Marie die Kinder trinken. Sie trinken nicht nur das Wasser, sie trinken meinen Stern, denkt sie. Den Stern fürs Königskind, mein Geschenk. Doch Marie zieht mit den andern weiter durch die Nacht. In ihrem Becken liegt jetzt ihr warmes Wolltuch. Und sie hört die Männer sagen: «Kommt! Verliert den Mut nicht!»

Marie ist traurig. Was soll ich dem Königskind schenken? Wenn ich doch einen neuen Wunderstern fände! Marie schaut in alle Brunnenlöcher am Wüstenweg. Immer wieder bleibt sie bei einem Brunnen stehen, bis die Kinder rufen: «Komm doch mit, Marie. Wir wollen dich nicht verlieren in der Wüste!» Ist nicht in der Ferne das Heulen von Schakalen zu hören?

«Bald sind wir da», ruft der älteste der Männer. «Seht doch, der Stern steht still. Dort – über einem kleinen Haus.»

Welcher Stern denn? Zum ersten Mal auf der ganzen Reise schaut Marie nach oben. Sie legt den Kopf ins Genick. Sie kann nicht mehr aufhören, nach oben zu schauen. Und sie würde schreien, wenn sie nicht stumm wäre: «Da oben hängt mein Stern, der Stern aus meinem Becken.» Sie streckt die Arme aus. Sie möchte ihn halten, herunterholen, bevor der Morgen kommt und die Sterne verblassen.

Und an diesem Tag, der gerade begonnen hat, schlafen sie nicht, die Männer, Frauen und Kinder. Sie wissen: Wir sind angekommen beim Königskind, das wir suchen. Und erst jetzt weiß Marie: Der große Stern am Himmel hat ihnen den Weg gezeigt. Den Weg übers Gebirge, den Weg durch die Wüste. Der große Stern, der sich in ihrem Wasserbecken gespiegelt hat.

Vor ihnen liegt das Dorf. Die Kinder seufzen. «Wir sind falsch hier, falsch. Wo ist denn ein Königskind? Kein Palast! Keine Burg!»

Marie aber füllt ihr Becken am Dorfbrunnen. Vielleicht spiegelt er sich wieder, der Stern, der große glänzende Stern? Wenn die Nacht kommt? Mit beiden Armen hält sie das Wasserbecken fest.

Dann stehen sie alle vor dem kleinen Haus am Rande des Dorfes. Hier stand der Stern still in der letzten Nacht! Die Wanderer schauen sich an. Sind wir am richtigen Ort? Sie flüstern, sie fragen.

Nur Marie hört das Weinen. Es kommt aus dem Stall. Marie entdeckt das kleine Kind. In einer Futterkrippe liegt es und weint. Marie stellt ihr Wasserbecken auf die Erde. Sie nimmt das Kind in ihre Arme und wiegt es leise. Es lächelt. Auch Marie lächelt Sie ist sehr froh. Laut sagt sie: «Hier ist es, das Kind, kommt und seht. Das Königskind!»
Was ist das? Wer hat gesprochen?

Ist es die stumme Marie, die noch nie ein Wort geredet hat? Marie schaut sich um. Sie ist selbst erschrocken. Alle stehen in einem Kreis und starren auf sie. «Du bist nicht mehr stumm?», fragen sie. «Ein Wunder! Ein Kind hat dich gesund gemacht!»

Erst jetzt schauen sie das Kind an. Sie verneigen sich wie vor einem König. Sie laden die Esel und Kamele ab. In der kleinen Küche breiten sie die Geschenke aus. Die Mutter und der Vater des Kindes staunen über die Tücher und das weiche Kissen, über die warmen Mäntel und die glitzernden Goldstücke. Alles können sie brauchen. Am meisten aber freut sich die Mutter über Maries Geschenk. Jetzt kann sie ihr Kind baden, denn in ihrem Haus gibt es kein Wasser.

Die fremden Männer und Frauen ziehen zurück. Zusammen mit Marie. Durch die Wüste, über die Berge. Sie wandern jetzt auch am Tag. Sie wandern Tag und Nacht.

Die Schakale heulen nicht mehr. Die Soldaten, vor denen sie Angst hatten, sind verschwunden. In den Bergen ist es warm geworden. In der Wüste gibt es Wasser. Und überall, wo sie hinkommen, sagen sie es weiter: «Das Königskind ist gekommen. Darum ist alles gut. Die Angst ist fort. Und wenn es erst groß ist, wird es den Frieden bringen für die ganze Welt.»

Auf der andern Seite des Gebirges kommen sie in Maries Dorf. Ins Dorf der stummen Marie.

Die stumme Marie aber kann reden. Sie kann es allen sagen: «Ich habe das Königskind gesehen. Ein Kind, das Gott zu den Menschen gesandt hat. In meinem Becken wird es gebadet. Seine Mutter aber – sie heißt fast wie ich: Maria.»

Marie erzählt es weiter bis ans Ende ihres Lebens. Sie erzählt es immer, wenn jemand traurig ist. Sie erzählt vom Königskind, wenn Menschen sich streiten. Und wenn sie erzählt, wird alles gut. Am liebsten erzählt Marie, die jetzt keine stumme Marie mehr ist, wenn sich Mond oder Sterne im Brunnentrog spiegeln.

Vor ihr Haus stellt sie ein neues Becken und füllt es mit Wasser. Kleine Sterne spiegeln sich darin, fast jede Nacht. Und die kleinen Sterne erzählen vom großen Stern, der den Weg zum Königskind gezeigt hat, dem Zauberstern.

Kind und König

Er war ein König von großer Gestalt. Sein Königreich lag im fernen Osten hinter den Bergen, die auch von den Sterndeutern keiner je überstiegen hatte. Ob sein Königreich überhaupt existierte? Ob es winzig war oder groß? Der König tauchte jeweils plötzlich auf. Er ritt auf einem Kamel. Er kannte die Welt wie kein anderer im Morgenlande. Er war fast immer unterwegs.

Als der König von der bevorstehenden Reise der Sterndeuter hörte, kam er mitten in der Nacht. Sie standen auf einem kleinen Hügel und zeigten auf das Gestirn am Himmel, als sich der große Schatten des Kamels näherte. Jetzt wussten sie: Der König ist wieder da; denn niemand sonst in der Gegend besaß ein Kamel.

Dass der König gerade jetzt kam, bereitete ihnen Schwierigkeiten. Denn der Stern deutete auf einen andern König, weit im Westen: den König der Juden. Ihn wollten sie besuchen. Aber sie konnten dem König aus den Bergen nicht verbieten mitzukommen. Und wer weiß – vielleicht war ihnen sein Kamel auf der Reise von Nutzen? In seine Satteltaschen konnten sie die Geschenke packen, die sie dem neugeborenen König der Juden bringen wollten: Gold, Weihrauch, Myrrhe und Perlen.

Nach Tagen und Wochen näherten sie sich der großen Stadt Jerusalem. Der König aus den Bergen trieb die Sterndeuter an. Er war ungeduldig. Er war an schnelleres Reisen gewöhnt. Ungestüm, wie er war, begehrte er sofort, von König Herodes empfangen zu werden. Überzeugt, am Ziel seiner Reise zu sein, schenkte er Herodes seinen goldenen Reisebecher, während die Sterndeuter mit dem Kamel vor dem Palast warteten. Erst als er im Palast nichts über ein Königskind erfahren konnte, bereute er seine Voreiligkeit, ließ sich aber den prächtigen Palast zeigen und verabschiedete sich nach einem festlichen Mahl. Da er ein König war und viel vom fernen Morgenland erzählen konnte, erhielt auch er ein königliches Geschenk von Herodes: eine große goldene Münze mit dem Bildnis des römischen Kaisers.

Die Sterndeuter erhielten den Hinweis, der neugeborene König sei weiter im Süden zu suchen. Sie zogen nach Betlehem und fanden das Jesuskind mit Maria und Josef. Der große Stern war über dem Haus stehen geblieben, und die Sterndeuter leerten die Satteltaschen des Kamels.

Der König aus den Bergen aber blieb nur kurz im Eingang des kleinen Hauses stehen. Sieht es so bei Königen aus? «Ich reise weiter, noch weiter nach Süden! Dort will ich das Königskind suchen!»

Der König setzte sich auf sein Kamel. Er ritt durch die Wüste. Er ritt über ein Gebirge, weiter und weiter. Ein Händler, den er unterwegs traf, sagte, dies sei der Weg nach Ägypten. Da der König von den Pyramiden und dem mächtigen Nilstrom gehört hatte, war er begierig, dies berühmte Land zu sehen. Er betrachtete die Gärten und Paläste, auch die Sphinxe.

Ein königliches Kind? Nein, darüber erfuhr er nichts. Hatten die Sterndeuter recht gehabt mit ihrer Prophezeiung? Was war wohl so besonders an dem Kind, das sie suchten? Dem König mit seinem Kamel waren die Pyramiden und Sphinxe genug. Er machte sich auf den Rückweg durch die Wüste.

Als er in einer Oase ausruhte, traf er ein junges Paar. Die Leute waren erschöpft und fragten: «Guter Herr, ist es weit nach Ägypten? Sind wir auf dem richtigen Weg?» Er war stolz, dass er den Weg kannte und erzählen konnte über das bunte ferne Ägypten.

Er sah große Angst in den Augen der jungen Frau. Sie aber fasste Vertrauen und sagte: «Du bist doch der König, der mit den Sterndeutern gekommen ist. Ich habe dich im Eingang unseres Hauses gesehen. Sicher bist du mächtig. König Herodes will unser Kind töten. Hilf uns!» Erst da bemerkte er das Kind, das unter dem Mantel der Frau versteckt war. Sie streckte es ihm voller Vertrauen hin. Er wiegte es unbeholfen, während sie sich am Brunnen wusch und der Mann den Esel tränkte.

Da ließ Pferdegetrappel sie alle drei aufschrecken. Im letzten Augenblick setzte der König das Kind in eine der Satteltaschen seines Kamels und tat, als sei er damit beschäftigt, die leeren Wassersäcke abzuladen, um sie am Brunnen neu zu füllen. Aber er wich nicht von seinem Tier.

«Wir kommen von König Herodes. Holla! Gebt das Kind her, das ihr bei euch habt!» Das junge Paar wurde untersucht, während sich die Soldaten vor dem König aus den Bergen verneigten. Sie hatten ihn erkannt. «O Herr, du hast Herodes den goldenen Becher geschenkt», sagten sie ehrfürchtig.

Als sie wegtrabten, begann das Kind zu weinen. Um es zu übertönen, rief der König den Soldaten mit lauter Stimme nach: «Holla! Gute Reise, ihr Freunde! Und grüßt euren König Herodes!»

Als er den kleinen Jungen behutsam aus der Satteltasche hob, kam es ihm vor, als ob er einen wertvollen verborgenen Schatz aus einem Versteck heben würde. Er gab das Kind seiner Mutter zurück. Und schnell verschwand das Paar mit Esel und Kind auf dem Weg nach Ägypten.

Der König aber legte für einen Augenblick seine Hand in die noch warme Satteltasche. Nachdenklich, langsamer als sonst, ritt er zurück durch die Wüste. «Soll ich traurig sein, weil ich das Königskind nicht gefunden habe?», fragte er sich. Er entdeckte, dass er nicht traurig war; der kleine Junge dieser armen Wanderer hatte etwas in ihm verändert.

Doch da schreckte er auf. Die Soldaten des Herodes trabten ihm von neuem entgegen und riefen: «Die müssen eben doch ein Kind bei sich haben. Wir haben ihre Spur im Sand zurückverfolgt bis nach Betlehem. Dort haben alle Nachbarn das Kind gesehen. Wir werden sie mit unsern Pferden bald eingeholt haben.»

«Lasst sie doch in Ruhe ziehen», erwiderte der König ruhig. «Es sind arme Leute. Der Mann ist Zimmermann und sucht eine Stelle in Ägypten. Das Kind ist ihre einzige Freude.»

«Aber wir müssen dieses Kind haben. Wir müssen es töten», gab einer der Soldaten zurück.

Der andere fügte hinzu: «Es fällt uns schwer, großer Herr; wir haben selbst Kinder. Aber wir brauchen das Geld, das Herodes uns versprochen hat.»

«Wenn es nur das ist» – der König zog aus seiner Tasche die römische Goldmünze mit dem Bild des Kaisers Augustus. «Nehmt sie und geht eures Weges! Sagt niemandem, was ihr gehört habt! Sagt niemandem, wer euch die Münze gegeben hat!»

Die Soldaten verstummten. Noch nie hatten sie so viel Geld besessen. Goldmünzen mit dem Kaiserbild kannten sie nur vom Hörensagen. Sie steckten ihre Köpfe zusammen über dem Bild des Kaisers Augustus. Und sie wurden froh: «Endlich – neue Sandalen für meine Kinder!» «Endlich – Geld, um mein Hausdach zu erneuern!» Auf einem großen Umweg kehrten sie nach Jerusalem zurück.

Der König aus dem fernen Bergland ritt auf seinem Kamel wieder nach Osten. Und merkwürdig: Seine rechte Hand blieb warm, auch im kältesten Winter. Es war, als ob er das Kind auf seinem Arm immer noch spürte und die Wärme der Satteltasche nicht vergessen könnte.

Seine Reisen wurden langsamer. Seine Neugierde für fremde Länder und Paläste wurde kleiner. Er sah dafür die Kinder, kleine und große, überall wo er hinkam. Und seine warme Hand verteilte, was er hatte.

Als er als alter Mann starb, hatten manche Leute vergessen, dass er eigentlich König war; denn er war arm geworden.

Manche nannten ihn den Kinderkönig, weil er sich überall um Kinder in Not kümmerte. Als letztes soll er zu den Sterndeutern im Morgenlande, die ihn am Schluss pflegten, leise gesagt haben: «Ja, das Kind habe ich in meinen Armen gehalten. Da wurde mein Leben neu. Und jetzt weiß ich: Es war das Königskind. Es wird ein größerer König sein als ich, auch größer als Herodes, ja größer als der mächtige Kaiser von Rom.»

Die Heilige Familie mit der Heuschrecke, um 1495

Die tanzende Hanna

Hanna – unscheinbar sitzt sie in der Tempelhalle, in eine alte Decke gehüllt. Es ist kalt. Es ist mitten im Winter. Ihr Gesicht sieht man kaum. Ihre Hand, die vorn die Decke zusammenhält, ist mager, faltig. Es muss eine alte Frau sein. Aber ihre Haltung ist aufrecht; ihre Augen sind aufmerksam. Nein, sie ist keine dieser Armen, die im Tempel sind, nur um nicht allein zu sein oder gar um zu betteln.

Heute setzt sich ein junges Mädchen neben Hanna. Es ist ganz außer Atem. Es weiß: Bei Hanna findet man Rat; sie kann trösten, sie erzählt Geschichten aus der Schrift. Eine Prophetin sei sie, hat das Mädchen gehört. Eine Prophetin? Andere haben darüber gelacht und gemurmelt: Die ist doch nicht ganz recht im Kopf, schon so lange verwitwet, inzwischen 84 Jahre alt. Jeden Nachmittag sitzt sie hier im Tempel und wartet. Worauf wartet sie?

Das junge Mädchen spürt die Kraft, die von Hanna ausgeht. Sie rückt näher zu ihr. Sie fühlt sich geborgen und sagt: «Hanna, hilf mir doch. Es geht um meinen Freund … er ist römischer Soldat; hörst du? Antonius ist Römer!» Aber das Mädchen verstummt. Es wird in die Stille von Hannas Beten hineingezogen; es wird selbst ganz ruhig. Aber innen drin singt und klingt etwas. Es erinnert sich an die einzige Prophetin, von der es in der Synagoge erzählen hörte: von Mirjam, der Schwester des Mose. Mit der Pauke in der Hand tanzte sie den andern

Frauen vor nach dem Durchzug durchs Schilfmeer und sang:
«Lasst uns dem Herrn singen, denn er hat eine herrliche Tat getan.» Ja, auch in Hannas faltigem Gesicht sieht es nach Tanzen, Singen und nach Paukenmusik aus, festlich, ja feierlich.
Das Mädchen verstummt. Sein Liebeskummer ist weit weggerückt. Antonius ist vergessen. Es ist gebannt vom Glanz von Hannas Augen, von einer eigentümlichen Spannung.

Und plötzlich springt die alte Hanna auf. Sie beginnt tatsächlich leicht zu tanzen, quer durch die Tempelhalle auf eine kleine Menschengruppe zu. Ein junges Paar geht dort durch den Hof, langsam und vorsichtig. Der Mann trägt zwei junge Tauben, die sich mit Flügelschlägen befreien wollen. Und da weiß das Mädchen: Das sind Eltern, die ihren Erstgeborenen in den Tempel bringen; sie wollen opfern; sie wollen ihr Kindlein Gott zeigen. Eine alltägliche Angelegenheit, hier im Tempel. Das Kind kann man im Arm der jungen Mutter nur erraten; sie hat es in ihr Umschlagtuch eingehüllt.

Doch Hanna tanzt. Sie singt. Ein Tempeldiener will sie festhalten. Ein ehrwürdiger Mann schüttelt den Kopf. Die Frauen in der Ecke stecken die Köpfe zusammen und tuscheln. Doch Hanna tanzt in kleinen Schritten weiter. Sie beginnt sogar zu singen.

Und im Innern des Tempels erhebt sie ihre Stimme – dort, wo die Leute versammelt sind. Sie ruft: «Jetzt habe ich unsern Erlöser gesehen. Heute ist er gekommen. Für Arme und Reiche. Für Juden und Heiden. Für uns alle. Der, der uns den Frieden bringt, ist da. Hallelujah.» Das Mädchen schaut sich um. Wo ist hier ein Mann, der der Erlöser sein könnte? Neben Hanna steht nur jenes eher armselige Paar, dessen Kind nun nicht mehr ins Umschlagtuch gewickelt ist und erbärmlich zu frieren scheint. Wer könnte der Erlöser sein? Ihre Augen suchen unter den vielen Menschen, während sie die alte Hanna sagen hört: «Unser Erlöser ist da. Der Messias ist geboren worden. Jetzt kann ich in Ruhe sterben. Alles Warten ist zu Ende.»

Die Augen des Mädchens suchen weiter, aufgeregt. Es sieht den alten Simeon, der hier Tempeldienst tut – er muss es wissen; es will ihn fragen. Doch der greise Mann beginnt laut zu predigen: «Jetzt habe ich den Messias gesehen, meine Augen haben dein Heil gesehen, das Licht, das in die Finsternis kommt.»

Und Simeon zeigt auf das winzige Kind, dessen Eltern neben dem Mädchen stehen. «Wo bist du, Hanna? Erklär mir, was hier geschieht! Du, Hanna, Prophetin! Du musst es ja wissen.» Aber Hanna ist verschwunden. «Sei still, Mädchen», sagt eine vornehme Dame und zupft es an seinem Gewand. «Sei still; zum Glück ist sie weggogangen, diese Alte.»

Und plötzlich hat das Mädchen auch das Paar mit dem Kind aus den Augen verloren. Es fühlt sich einsam zwischen den vielen Tempelbesuchern. Einsam und bedrängt. Es bahnt sich einen Weg zum Ausgang. Es schaut nach rechts und links. Es sucht Hanna. Es sucht das Kind – dieses ärmliche Wickelkind. Draußen ist es inzwischen dunkel geworden. Neben dem Tempeltor glitzert etwas. Es ist der Helm des Antonius, der das Licht der Tempelfackeln widerspiegelt. Das Mädchen erschrickt. Es bleibt erstarrt stehen. Die Hanna-Worte klingen in ihm nach. «Für Juden und Heiden», hat Hanna gesagt.

Das Mädchen bewegt sich weiter vorwärts. Es nimmt den erstaunten römischen Soldaten an der Hand. Die beiden verschwinden in den dunklen Gassen von Jerusalem.

Blaue Tücher

Die Sterndeuter im fernen Osten hatten sich bereitgemacht. Auf eine Pergamentrolle hatten sie eine Sternkarte gezeichnet. Die Rolle war ihr wichtigstes Gepäckstück. Wer weiß, ob der wunderbare Stern, der ihnen jetzt den Weg zeigte, nicht plötzlich erlöschen würde und sie dann verloren wären, allein in der unendlichen Wüste?

«Ich habe meinen Goldschatz eingepackt – Geld aus aller Herren Länder, die Sicherheit für mein Alter. Aber wenn der König wirklich geboren ist, dieser Messias – was brauche ich da noch Gold? Ich bringe ihm alles. Er soll es haben», sagte einer der Männer.

«Von mir bekommt er diese Myrrhensalbe – meine ganzen Ersparnisse habe ich dafür ausgegeben.» «Von mir diese Weihrauchstäbchen – es soll duften bei ihm, wie es einem richtigen König geziemt», sagten die beiden andern Sterndeuter.

Die Geschenke, Gold, Weihrauch, Myrrhe, wurden unter den Satteltaschen der Kamele sorgfältig versteckt, hinter den Wasserbeuteln, unter den Vorräten für unterwegs.

Erst als sich der Zug schon in Bewegung setzte, merkten die drei Sterndeuter, dass die Frau mitkommen wollte. Einer der Diener eilte nach vorn, rief es den Herren zu: «Die Frau mit den blauen Tüchern, habt ihr sie gesehen? Sie kommt mit.» Die Sterndeuter machten eine wegwerfende Bewegung. Sie würde bald aufgeben – mit ihrem Esel, mit ihrem Stapel blauer Tücher. Hoffte sie auf gute Geschäfte im fernen Land, oder war es Abenteuerlust?

Während der ganzen Reise schauten die Sterndeuter nach vorn und hinauf zum Himmel, wo der riesengroße Stern ihnen den Weg zeigte. Natürlich wanderten sie nachts und suchten sich immer für den Tag einen Schutz vor der harten Sonne. Höhlen gab es genug in der gebirgigen Wüste. Die Frau mit den blauen Tüchern aber war immer dabei. Mit der Zeit gehörte sie selbstverständlich dazu, allerdings eher zu den Dienern, die hinten im Zug gingen, als zu den stolzen Sterndeutern, die den Zug wie Könige anführten.

So wartete sie denn auch draußen vor dem Tor, als die weisen Herren aus dem fernen Osten in Jerusalem bei König Herodes vorsprachen. In den Gassen der Stadt, beim Warten vor der Burg des Herodes, sammelten sich Menschen um sie. Die Frauen vor allem bestaunten die blauen Stoffe und fuhren behutsam mit ihren Fingern darüber. «Dieses Blau», sagten sie. «Dieses wunderbare Blau – hast du sie selbst gefärbt, deine Stoffe?» Die Frau nickte und wurde sich vielleicht erst jetzt dessen bewusst, dass auch sie einen wertvollen Schatz auf dem Rücken ihres Esels mit sich führte. Dennoch: Sie hatte Angst vor der königlichen Burg. War dies der Ort, den sie suchten? Sie war froh, als der Zug weiterging, nachts, als der riesige Stern wieder den Weg zeigte.

Über einem kleinen Haus im Städtchen Betlehem blieb der Stern stehen. «Hier muss es sein, das Königskind, der Messias – denn der Stern ist ein Königsstern», sagten die Sterndeuter. «Wir sind am richtigen Ort.» Im Haus fanden sie dann ein junges Paar mit einem kleinen Kind. Das musste es sein. Sie beugten ihre Knie und legten ihre Geschenke nieder. Nach ihnen, auf leisen Sohlen, trat auch die Frau mit den Tüchern zu Maria, der Mutter. Die Frau faltete eines ihrer blauen Tücher auf, hielt es mit Daumen und Zeigefinger beider Hände fest und ließ es vor dem Kind, das auf dem Schoß seiner Mutter saß, hin und her flattern. Es schien, als ob das Kind danach greifen würde.

Maria aber freute sich, als die Frau ihr das Tuch mit einer Verbeugung überreichte. Sie bestaunte die Farbe, dieses unbekannte wunderbare Blau, und breitete das Tuch über die nackten Beine ihres Kindes, das bald darauf einschlief.

Misstrauisch hatten die Sterndeuter die Frau beobachtet. Sie hätte dem Kind alle Tücher schenken können, dachten sie – die übrigen wird sie in der Stadt Jerusalem verkaufen und reich werden. Ist ihr dieser König nicht mehr wert?

Die Frau trat wirklich hinaus auf den Weg, der nach Jerusalem führte. Zuerst begegnete ihr ein römischer Hauptmann. «Der König der Juden, der Messias, ist geboren worden – als Zeichen dafür nehmt dieses Tuch! Ich schenke es euch.» Zuerst stutzte der Hauptmann. Aber das Blau des Tuches gefiel ihm so gut, dass er nicht nein sagen konnte und das Geschenk dankend einsteckte. Die Sterndeuter schüttelten den Kopf, als sie dies sahen. Waren sie nicht gefährlich, die Soldaten der Römer? Die Sterndeuter gingen in der andern Richtung davon, zurück in ihre Heimat, froh, dass sie die merkwürdige Frau losgeworden waren.

Die Frau aber verschenkte ihre Tücher weiter: An einen reichen Kaufmann, an die Hirten, die sie auf dem Felde traf, auch an einen Blinden, der das Blau nicht einmal sehen konnte, aber den herben Duft des Stoffes einatmete und glücklich war. Kinder, denen sie begegnete, ließ sie mit den Tüchern spielen. Immer sagte sie: «Der König der Juden, der Messias, ist geboren worden – alles wird gut werden. Als Zeichen dafür nehmt dieses Tuch. Ich schenke es euch.»

Nur das blaue Tuch, das die Frau um ihren eigenen Kopf gebunden hatte, behielt sie. Es schützte sie vor der stechenden Sonne und vor Sandstürmen, die ihr auf ihrem Heimweg durch die Wüste begegneten. Sie hatte sich einer Karawane, die nach Osten zog, angeschlossen; denn den gefährlichen Weg durch die Wüste legt man nicht allein zurück.

Als Maria und Josef kurze Zeit später mit ihrem Kind nach Ägypten fliehen mussten, hüllte die Mutter ihr Kind fest in das blaue Tuch. Sie waren voller Angst vor König Herodes, der alle Knäblein töten ließ. Von einem Hirten unterwegs auf dem Felde erhielt Maria ein blaues Kopftuch, um sich in der Wüste zu schützen, gegen Sonne und Wind. Später trafen sie einen reichen Kaufmann, der mit seinem ganzen Gefolge anhielt, als er schon beinahe an Maria und Josef vorbei war. Er hatte das blaue Tuch entdeckt, in das das Kind gehüllt war, auch das blaue Tuch auf Marias Kopf; er wusste: Die haben mit dem König, dem Messias zu tun. Hier muss ich helfen. Er sah, dass die Mutter des Kindes müde war, und er schenkte ihr einen seiner Esel. Einfach so. So war die Flucht nach Ägypten weniger mühselig. Maria bedankte sich. Erst jetzt sah sie das blaue Tuch, das der Kaufmann wie einen Gürtel um seinen Bauch geschlungen hatte.

Dennoch waren die Soldaten, die Herodes ausgeschickt hatte, Maria und Josef auf den Fersen. So schnell der Esel auch trippelte, die Pferde kamen näher und näher. In einer dichten Staubwolke hielten sie neben, vor, und hinter dem Esel, auf dem Maria mit dem Jesuskind saß. Einer der Soldaten wollte Maria das Kind schon entreißen, da hielt ihn der Hauptmann zurück und sagte: «Lasst es! Dieses Kind nicht! Dieses ganz sicher nicht! Schaut das wunderbare blaue Tuch an.» Da sahen die Soldaten, dass das Kind in das gleiche blaue Tuch gehüllt war, wie es der Hauptmann um seinen Hals gebunden hatte. Sie schauten vom Hals des Hauptmanns zum Kind, immer hin und her. Irgend etwas war hier geheimnisvoll. Sie ließen ihre Schwerter sinken und kehrten um. Maria, Josef und das Kind kamen heil nach Ägypten.

Viele Jahre später aber machte sich die Färberin wieder auf den Weg nach Jerusalem. Immer wieder hatte sie Händler, die von dort kamen, gefragt nach dem König der Juden, dem Friedenskönig. Nein, nicht verwandt sei er mit der Königsfamilie des Herodes! Niemand hatte ihr Auskunft geben können.

Als sie nach Jericho kam, stutzte sie. Saß beim Stadttor nicht wieder derselbe blinde Bettler, dem sie vor vielen Jahren ein Tuch geschenkt hatte? Ja, er hatte sich das Tuch auf seine kranken Augen gelegt und es am Hinterkopf zusammengeknüpft. Das Tuch war zwar ausgefranst und verblichen – aber das eigenartige, besondere Blau, das nur sie herstellen konnte, war noch erkennbar. Sie setzte sich neben den blinden Mann, stieß ihn sanft an und erzählte ihm, wer sie war. Ihre fremdartige Sprache kam ihm bekannt vor, und er sagte sofort: «Damals hast du mir von ihm erzählt, dem König der Juden, dem Messias. Seit jener Zeit frage ich nach ihm. Ich habe nicht aufgehört zu fragen. Komm, setz dich zu mir, denn es ist möglich, dass er kommt, der König, gerade heute. Viele erzählen von ihm, plötzlich, von einem Helfer, der predigt, der Kranke gesund macht. Heute soll er mit seinem Gefolge nach Jericho kommen – ich habe gut zugehört.»

Die Frau, erschöpft von der Reise, schlief neben dem Blinden ein. Aber als sie den Mann schreien hörte «Messias, Messias», wachte sie auf; schnell stand sie auf ihren Füßen. Sie sah, dass ein Fremder das Tuch von den Augen des Bettlers löste. Sie war verwirrt. Der Blinde schaute sie aus lebendigen Augen an. Und der König? Sah ein König so aus? Verlegen blieb die Frau stehen, als die ganze Gruppe von Männern im Stadttor verschwand. Aber der Bettler, der jetzt nicht mehr blind war, rannte zu ihr zurück. Er nahm die Färberin an der Hand, zog sie mit sich und sagte: «Komm auch du mit. Ja, es ist der Messias – aber ohne dich, ohne dein Tuch hätte ich nichts von ihm erfahren.»

So kam es, dass die Färberin aus dem fernen Osten eine Jüngerin Jesu wurde.

Dass Jesus seine wenigen Habseligkeiten in einem blauen Tuch, das zusammengeknüpft war, bei sich trug, entdeckte sie erst, als sie Jericho schon wieder verlassen hatten, auf dem Weg durchs Gebirge, hinauf nach Jerusalem.

Die alte Rosa

Die Nächte werden immer noch länger und kälter. Morgens sind die Wiesen weiß, und die Sonne scheint zuerst schwach. Aber dann dringt sie durch; sie frisst den Raureif weg. Für wenige Stunden wird es trügerisch warm, fast wie im Frühling.

Die alte Frau setzt sich dann vor die halbzerfallene Hütte, in der sie wohnt, dicht in den alten Schafspelz gehüllt. In der Sonne wird es ihr wohl. Wenn sie die Augen schließt und die Sonnensterne unter den Augendeckeln tanzen, kann sie sich erinnern an ihre erste Zeit in diesem Land. Fast ein Mädchen noch war sie, als sie mit Julius hierher zog und als Julius selbst diese Hütte baute.

Aber lange durfte dieser Sonnentraum nicht dauern. Rosa weiß: Ich kann nicht einfach in der Sonne sitzen und an früher denken. Ich muss etwas tun. Mein letztes Holz ist verbraucht. Rosa hat auch Hunger.

Sie steht auf. Sie schüttelt den Schafspelz, in dem Strohhalme hängen, kräftig aus. Ihre Arme sind noch stark. Rosa knotet ihre wenigen Kleider in ein Tuch und steigt hinunter zum Bach. Den Pelz hängt sie wieder über ihre Schultern; denn in dem kleinen Tal hinter der Bergkuppe ist es bereits schattig.

Ob man sie noch brauchen kann, ihre alten Arme, ihre mageren Füße, die durch die dünnen Sohlen die Steine und Wurzelstöcke des Talbodens spüren? Rosa sieht, nachdem sie das kleine Tal verlassen hat, weit über die Hügel, über die grünen

Weiden, in denen Felsbrocken und Dornbüsche ein unregel
mäßiges Geflecht bilden. Kein Lebewesen scheint hier zu hau-
sen. Erst als die Dämmerung heraufsteigt, leuchtet da und dort
ein Licht auf, und in der Ferne kann man in den Strahlen der
untergehenden Sonne die Umrisse einer kleinen Stadt erraten.

Doch Rosa kennt sich aus. Sie wandert mit großen Schritten auf eine zackige Felswand zu. Gehetzt ist sie, und so stolpert sie auch ab und zu. Gehetzt von der Dunkelheit, die sich
immer mehr breit macht.

Von weitem sieht sie, wie die kleine Deborah, das Hirten-
mädchen, die Schafe zusammentreibt. Ja, Deborah, Sarah, Rahel – so heißen sie hier alle. Schon mein Name ist fremdlän-
disch, erst recht meine Aussprache. Ich bin immer noch eine
Fremde hier, denkt Rosa.

Deborah hat die alte Frau entdeckt. «Rosa ist wieder da!
Rosa ist da! Rosa! Rosa!» – schreit das Kind auf die Felswand
zu, während es die Schafe mit dem Stecken vor sich hertreibt.
Und schon ist Rosa am Eingang der Höhle angekommen, der
unter einem Felsvorsprung verborgen liegt. Die jungen Hirten
stehen hier im Kreis – sie schreien und zanken durcheinander,
so dass keiner Deborah hört, keiner Rosa gesehen hat. Doch
da entdeckt einer die alte Frau. Er verstummt mit offenem
Mund, dann noch einer und noch einer. Es wird ganz still. Verlegen steht Rosa zwischen ihnen und blickt in die Gesichter der
Hirten. Ihr schwerer Atem ist zu hören und das Knistern des
Feuers.

«Ich komme sicher ungelegen», sagt sie leise, «ich weiß.
Aber Holz spalten etwa oder eure Schlafmatten flicken – das
könnte ich noch. Ich brauche nicht viel Essen. Aber die Nächte
sind kalt. Ich habe kein Brennholz mehr und ich habe Hunger.»

Zuerst bleibt es unheimlich still. Dann lacht der Hirt Jakob, dann Samuel und noch einer in der Runde. Aber es ist
nicht das Auslachen, vor dem Rosa, die mit gebeugtem Kopf
wartet, so Angst hat. Ist es möglich – freuen sie sich, dass Rosa
gekommen ist?

Bald erfährt Rosa, was los ist: In der großen Stadt ist jetzt ein Fest, ein Markt – alle möchten sie hingehen, tanzen, einkaufen, eine Freundin finden und vor allem: ihre Schaffelle verkaufen. Aber wer soll auf die Schafe aufpassen, auf das Feuer und auf Deborah, das Kind, das bei ihnen ist und das sie nicht mitnehmen wollen in die Stadt?

Samuel sagt in die Stille hinein: «Rosa, du bist unser Engel! Pass gut auf aufs Feuer, auf die Schafe, auf Deborah! Wir sind in drei Tagen wieder hier. Deborah, gib Rosa von der Suppe!» Und schon schwingt Samuel die zusammengebundenen Schaffelle auf seine rechte Schulter. Die andern tun dasselbe und verschwinden schnell in der Dunkelheit.

Später sitzt Rosa mit Deborah am Feuer. Rosa ist zum ersten Mal seit langem satt geworden. Und Deborah, die seit dem Tod ihrer Mutter mit ihrem Vater und den anderen Hirten von Weideplatz zu Weideplatz ziehen muss, freut sich immer, wenn die alte Frau kommt. Sie ist wie eine Großmutter. Und Deborah bettelt: «Erzähl doch, Rosa, erzähl wieder von der großen Stadt Rom, erzähl von deinem Julius!» Aber heute bleibt Rosa stumm. Sie ist müde von der weiten Wanderung. «Rosa», beginnt das Kind nach einiger Zeit wieder, «Rosa, hör doch! Samuel hat gesagt, du bist ein Engel. Ein Engel, Rosa, was ist das? Ein Engel? Erzähl doch, Rosa!» Jetzt wird Rosa wieder wach. Sie schaut in Deborahs Gesicht und lacht. «Ach Deborah, Engel – ich glaube nicht, dass es sie wirklich gibt. In deinem Volk erzählen sie von Boten, die von Gott zu den Menschen kommen, oft dann, wenn es den Menschen am allerschlechtesten geht. Und diese Boten sehen aus wie ganz gewöhnliche Menschen. Aber sicher nicht so wie ich, die alte faltige Rosa.»

Wieder wird es still. Deborah denkt nach über Gott, von dem sie noch nicht viel gehört hat. Ob er wirklich Boten schickt? Aber dann schaut das Kind wieder zur alten Frau hinüber, und es ist glücklich, dass sie da ist. Es sagt: «Rosa, deine Falten sind nicht schlimm! Rosa, deine Falten gefallen mir!» Gerne würde

Deborah über die faltigen Hände und das Gesicht von Rosa streichen. Aber sie wagt es nicht.

In der Stille und Dunkelheit denkt Deborah weiter nach über das, was Rosa vorher geantwortet hat. Rosa ist Römerin, das weiß das Mädchen. Aber dennoch hat sie vom Gott der Juden erzählt. Und ich bin Jüdin, ich sollte es doch wissen, denkt das Kind. Es sagt: «Dieser Gott, Rosa … Dieser Gott, man sieht ihn nicht. Ich möchte ihn sehen, hören, anfassen.» Rosa schweigt. Sie zuckt die Achseln. Es ist still. Immer stiller. Deborah schläft auf der Schlafmatte neben dem Feuer ein. Die Schafe schlafen schon lange – ein riesiges dickes Wollknäuel hinten in der Höhle.

Rosa ist alleine wach. Ja, Deborah hat recht mit ihrem Fragen. Warum kann man ihn nicht anfassen, nicht sehen, nicht hören, diesen Gott, zu dem die Juden alle beten? Wer ist dieser Gott, von dem sie sagen: Er wird helfen, auch den Armen. Er wird kommen. Er wird kommen als mächtiger König.

Ist Rosa eingenickt? Vor der Höhle stehen plötzlich dunkle Gestalten, die rufen und aufgeregt ihre Laternen hin und her bewegen. Sind die Hirten wieder umgekehrt? Rosa blickt auf – aber sie blickt in fremde Gesichter, die sich zu ihr hinunterbeugen. «He du, Alte! Ist hier Betlehem? Wir suchen einen Stall mit einer Krippe, ein junges Paar und ein neugeborenes Kind. Ganz nah von hier muss es sein. Das Kind sei der König der Juden, ein Helfer für uns alle. Der Engel Gottes hat es uns gesagt.» Und ein anderer der fremden Hirten fügt hinzu: «Natürlich hatten wir zuerst große Angst. Doch der Engel sagte: ‹Fürchtet euch nicht. Ich bringe euch eine große Freude.› Und da war um den Engel ein großes Licht. Und viele andere Engel waren da und lobten Gott. Jetzt aber suchen wir das Kind, das der Engel verheißen hat, wir suchen unsern Helfer und König.» «Ja, ja – sie erzählen manchmal von einem mächtigen König», stottert Rosa, «von einem Helfer, einem Nachkommen des Königs David, der kommen wird. – Träume ich eigentlich, oder seid ihr wirklich da?» Rosa ist verwirrt.

«Du bist wirklich da, alte Frau! Hilf uns! Hör doch: Wir suchen einen Stall; vermutlich ist er auch in einer Höhle. Er kann nicht weit sein von hier. Hilf uns suchen. Betlehem, hast du gehört? Wo ist das?» Rosa nickt. Sie legt schnell neues Holz aufs Feuer. Sie weckt Deborah. «Zieh dich an, Kind! Die Männer brauchen Hilfe. Ich muss ihnen den Weg zeigen. Vielleicht haben sie wirklich einen Engel gesehen. Komm mit, ich kann dich nicht allein lassen.»

Zu den Hirten sagt Rosa, während sie Deborah in ein warmes Tuch packt: «Es gibt nur eine einzige andere Höhle hierherum – sie gehört einem Wirt von Betlehem. Die kann ich euch zeigen. Sie ist ganz nah. Aber ich glaube, sie ist unbewohnt!» Und wieder leiser fügt die Frau hinzu: «Die Männer haben einen Engel gesehen, Deborah. Vielleicht einen wirklichen Engel. Er hat von der Geburt des Königs erzählt.»

Und so ziehen sie mit, die alte Römerin Rosa und das Mädchen Deborah. Sie ziehen mit den fremden Hirten zur nahen Höhle. Sie lassen das Feuer und die Schafe allein. Und die alte Rosa, die nicht an Engel und nicht an diesen unsichtbaren Gott glauben will, und das Mädchen, dem niemand von Engeln und Propheten erzählt hat und das nie beten gelernt hat – sie beide finden mit den fremden Hirten das Kind mit Maria und Josef. Und sie sehen: Es ist alles so, wie es der Engel zu den Hirten gesagt hatte. Alles ist arm und klein.

«Das ist jetzt eure Höhle», will Rosa zu den Hirten sagen. Aber sie schweigt. Sie spürt: Das ist auch meine Höhle. Hier gehöre auch ich dazu – ich alte arme Frau, eine Fremde in diesem Land. Mit Deborah steht sie lange vor dem Kind. «Es ist ein Junge. Er heißt Jesus», sagt Maria stolz. Und Rosa beugt mit den Hirten die Knie wie vor einem König oder Kaiser.

Später geht sie mit Deborah zurück zu den Schafen, zum Feuer, das noch glüht. Alles ist in Ordnung. Alles ist ruhig. Rosa legt neues Holz aufs Feuer. Deborah hilft ihr. Und das Mädchen sagt zu der alten Frau: «Zum Glück wollten sie mich nicht mitnehmen in die Stadt. Jetzt habe ich das Kind gesehen. Ich habe es angefasst. Ich habe seine Stimme gehört. Ich glaube, Rosa, ich habe den Helfer, der von Gott kommt, gesehen. Und ich weiß, dass es wirklich Engel gibt.»

Die Hand des Mädchens streicht jetzt über das faltige Gesicht. «Nicht nur der Engel der fremden Hirten, Rosa, ich glaube, auch du bist ein Engel, mein Engel.»

Da wendet die alte Frau ihr Gesicht ab. Zu ihrem Erstaunen sieht sie, dass draußen die Sonne aufgegangen ist. Die Weiden, die vom Raureif kristallen weiß sind, glitzern. Und Rosa weint vor Freude.

Sie träumt einen neuen Sonnentraum, einen Traum vom Frühling, mitten im Winter, zur Zeit der langen kalten Nächte. Aber jetzt weiß sie: Dieser Traum ist nicht verboten. Und sie spürt: Jetzt gehöre ich dazu. Das kleine Kind in der Krippe hat alles verändert, für mich, für Deborah, für die ganze Welt.

Deborah aber kann es kaum erwarten, dass der Vater und die andern Hirten vom Markt zurückkommen. Sie will ihnen erzählen, was geschehen ist. Und sie hört nicht auf, über diese wunderbare Nacht zu staunen.

Trillerpfeife

Heute ist sie die erste am Brunnen draußen, eingehüllt in zwei
wollene Tücher, die gegen die Kühle schützen. Trotzdem sitzt
ihr die durchwachte Nacht in allen Gliedern. Sie geht langsam,
setzt sich dann auf den Brunnenrand, stellt den großen Krug neben sich, hüllt die Tücher enger um sich, sinkt in sich zusammen. Das Lachen der beiden jungen Frauen, die sich nähern,
lässt sie nicht aufblicken. Erst als sie ihren Namen nennen, von
ihr und ihrem Mann laut reden hört, hebt sie ihren Kopf, langsam, erstaunt um sich blickend, als wollte sie sagen: «Ja, das
bin ich, Mira, von der ihr sprecht. Und Kudu, ja, mein Mann.»

Sie seufzt; sie kann den neugierigen Blicken der Frauen nun
nicht mehr ausweichen. «Ja, er ist weggezogen, mitten in der
Nacht – das wollt ihr doch wissen!» Ihre Stimme ist gereizt,
rau, wird etwas zu laut. Plötzlich spannt sich alles in ihr. Sie
springt auf, spürt ihre ganze Muskelkraft, gestählt von der Feld-
arbeit. Nun kommt es in ihr hoch: Wut und Trauer. Sie spricht
es selbst aus, was die andern nur denken, sich vorher zugeflüs-
tert haben; sie schreit es in den kühlen Morgen hinaus: «Weggezogen ist er, für lange Zeit. Mit dem Kamel, mit unserem
Goldschatz, in ein fernes Land. Ohne mich. Ohne mich!» Ihre
Stimme hat sich überschlagen.

Die beiden Zuhörerinnen werden verlegen. Mehr Frauen haben sich dazugesellt. Mira senkt den Kopf und sagt nun leise:
«Für die Arbeit auf dem Feld bin ich ihm recht – aber bei sei-

ner Sterndeuterei gehöre ich nicht dazu, als ob ich nicht seine Frau wäre.»

Die Frauen, die vorher geglotzt und wild durcheinander geredet haben, verstummen jetzt, schauen sich an. Die Flüsterstimme aber, mitten aus dem Frauenklüngel heraus, ist genau zu hören, auch auf dem Brunnenrand, obwohl dies natürlich nicht beabsichtigt ist. Diese Flüsterstimme, die sagt: «Selbst schuld ist sie, dass sie ihn geheiratet hat, diesen Spinner.»

Wie ein Stich durchs Herz geht ihr das Wort «Spinner.» Ihr Gesicht scheint sich zu verzerren, nur für einen sehr kleinen Augenblick – und wirkt dann steinern, schön, glatt, aber hart. Mit gezielten Bewegungen füllt sie jetzt ihren Krug, erst jetzt. Mit sicheren Schritten bahnt sie sich dann einen Weg vom Brunnen weg durch die andern Frauen, die noch immer stumm und verlegen sind. Im Weggehen aber sagt sie laut: «Ein Spinner, nein, das ist er nicht.» Stolz und aufrecht geht sie den Weg ins Dorf zurück. Erst als man sie nicht mehr sieht, beginnt es am Brunnen wieder zu leben, zu lachen, zu reden. Krüge werden gefüllt. Ein heißer Tag hat begonnen.

Mira ist zu Hause. Sie stößt von innen den Balken vor die Tür ihrer kleinen Hütte. Sie atmet schwer, führt den Krug mit dem frischen Wasser an ihren Mund, trinkt gierig, wischt dann ihre nassen Hände an ihrem bunten Kleid ab und streicht dabei von oben nach unten über den Stoff, über ihre Brüste, den Bauch, bleibt mit den Händen auf den Oberschenkeln stehen, wird sich ihres Körpers bewusst … Mein Körper? Unfruchtbar, denkt sie. Nichts bin ich wert. Was habe ich denn zu tun zu Hause, ohne meinen Mann? Viele Monate wird er weg sein. Aber noch weiter nach unten fahren ihre Hände. Die Rechte stößt in den tiefen Falten des Kleides auf einen kleinen harten Gegenstand. Sie umfasst die Trillerpfeife. Mira lächelt. Ja, auch über das Trillern haben die andern gelacht. Das Trillern, das Kudu und sie sich zuwarfen auf dem Feld – von weitem, er mit seiner, sie mit ihrer Pfeife. Als Liebeszeichen!

Mira hockt auf ihrer Schlafmatte. Für mich allein ist die Matte zu groß, denkt sie. Müde ist sie. Soll sie sich hinlegen? Nein, nein. Plötzlich steht sie wieder auf und sagt zu sich selbst: «Ein Spinner ist er nicht, ich weiß es, ich bin sicher.» Sie öffnet die geschnitzte Truhe hinten in der Nische, schaut hinein, greift nach der großen Pergamentrolle, breitet sie vorsichtig aus auf dem hartgetretenen Lehmboden, dort wo die Lichtstreifen des sonnigen Mittags wie kleine Scheinwerfer hineinleuchten, hinein ins Innere der dunklen Hütte. Miras Finger zittert und sucht auf dem Bild den Stern, diesen Wunderstern, von dem Kudu erzählt hat. Ein Stern, der den Weg zeigt zu einem König, der in einem fernen Land geboren werden soll. Hat sich Mira nicht oft genug zusammen mit Kudu über diese Karte gebeugt? Sie erinnert sich an alles, was Kudu ihr beim Betrachten der Karte erzählt hat.

Plötzlich weiß sie: Auch ich werde den Weg finden. Auch ich werde dem Stern folgen, abends, wenn er wieder am Himmel steht wie gestern, als Kudu aufgebrochen ist. Mira legt sich hin. Sie schläft auf ihrer Matte ein, mitten am Tag.

Langsam wandert der Lichtstreifen, in dem winzige Staubfäden zittern, über ihren bunten Rock, von den Schultern immer weiter hinunter zu den Fußspitzen, bis es dunkel wird. Die Dunkelheit aber macht Mira wach. Oder ist es dieses Schreien, das sie geweckt hat? Schnell öffnet sie die Stalltür. Im Dunkeln streicht sie über das struppige Fell ihres Esels. «Ich weiß, du warst den ganzen Tag im Stall – aber zu fressen hast du genug! Und bald machen wir uns auf den Weg.»

Im Schein einer kleinen Öllampe rollt Mira jetzt ihre Matte zusammen. Sie wickelt Brot, getrocknete Feigen, Ziegenkäse in ein Tuch. Sie füllt einen Lederbeutel mit Wasser. Was fehlt ihr noch? Natürlich, das Heu für den Esel! Auch er muss unterwegs fressen können. Jetzt ist alles bereit. Auch die Karte nimmt sie mit – vielleicht wird ihr die Sternkarte helfen, den Weg zu finden?

Bevor Mira das Öllicht auslöscht und ihr Häuschen von außen verrammelt, so leise sie kann, schaut sie hinauf zum Himmel. Er ist da, der riesige Stern, den Kudu ihr gestern gezeigt hat. Sie will ihm folgen, auch wenn sie langsamer vorankommt als Kudu mit dem Kamel. Auch sie will diesen König finden.

Auf der Karawanenstraße nach Westen ziehen reiche Kaufleute. Prächtige Fürsten sind unterwegs. Auch arme Hirten, die den ausgetretenen Pfad durch die Wüste benützen, um mit ihren Herden schneller zu neuen Weideplätzen zu kommen. Wenn Mira an einem Brunnen trinkt, wenn sie tagsüber in einer Herberge schläft, hört sie hinter sich Stimmengewirr und fremde Sprachen, hört das Rufen der Treiber, sucht mit ihrer Hand in ihrem kleinen Täschchen, um die Herberge zu bezahlen. Das Täschchen wird immer leichter. Warum hat Kudu das Schatzkästchen mitgenommen?

Wenn sie aber nachts unter dem großen Stern wieder unterwegs ist, verschwindet alles Sorgen um ihr Geld. Ihr Körper wird leicht und jung. Ihre Rechte greift auf der andern Seite in die Falten des Rocks, umfasst die Trillerpfeife, entlockt ihr in der Nacht zaghaft und leise einige Töne. Wer weiß?

Sie geht mit kräftigen Schritten neben dem Esel her. Reiten – nein, das will sie nicht. Der Stern steht immer vor ihr – es ist, als ob er sie vorwärts zöge, auf der einsamen Karawanenstraße, nachts. Es ist ihr dann, als fliege sie – hoch hinauf. Sie wird noch leichter, noch schneller, bis ihr wieder einfällt: Sie sucht ja einen König, Friedefürst soll er heißen. Den Frieden bringen, nicht einen Frieden bei den Sternen – den Frieden für die Welt!

Die Reise dauert Tage, Wochen – oder sind es Monate?

Der Stern geht voraus. Strahlend, den Weg weisend.

Wir Spätgeborenen, wir Besserwisser sind dem Stern schon vorausgeeilt, stehen vor dem Stall, vor Maria, Josef, dem Kind – während du, Mira, den Weg weiter allein zurücklegst, tanzend, hungrig inzwischen, in der Zwiesprache mit deinem treuen Esel, die kleinen Rufe deiner Trillerpfeife in die Wüstennacht sendend – und doch glücklich. Je näher du jenem Stall kommst, weißt du: Dort wartet das Heil. Und vielleicht wartet auch der, den sie den Spinner nennen, dein Mann: Sterndeuter mit Kamel und Trillerpfeife. Dein Körper zittert vor Erwartung. Deine Tanzschritte erlahmen nicht, während der Stern größer und größer wird, während du, vorbei an der großen Stadt Jerusalem, deren Kuppeln und Türme am nächtlichen Horizont auszumachen sind, in Betlehem ankommst.

Wir könnten dich nun einfügen in die Gruppe der Sterndeuter, die knien, mit Gold, Weihrauch und Myrrhe. Das Schatzkästchen, euer gemeinsames Schatzkästchen könnte vor dem Kind und seiner Mutter stehen, das Kamel angebunden vor der Tür, vielleicht auch die Hirten gerade noch da. Oder aus den Sterndeutern wären bereits die mittelalterlichen Könige geworden, märchenhafte Gestalten, die dem Kind vielleicht besser stehen als die Sterndeuter aus dem fernen Osten, die möglicherweise Spinner sind.

Im Stall, den Mira nun wirklich betritt, ist es ärmlich, karg. Nichts von reichen Geschenken. Die Schaffelle der Hirten, ja, sie sind da. Auch ein großes Fladenbrot, der Korb mit dem Brennholz, das die Hirtenkinder gesammelt haben. Und dennoch weiß Mira sofort: Sie ist hier am richtigen Ort, der Stern steht still über dem halbeingefallenen Dach, und sein großes Licht spiegelt sich im Gesicht eines kleinen Kindes. Das Licht wärmt mitten in der kalten Nacht, und das Kind – Mira fühlt es mit Freude und Schrecken zugleich – ist mehr als ein kleines Kind, mehr als ein Kind, wie sie es sich gewünscht hat, ihr Leben lang. Die Verlegenheit, die sie sonst als Kinderlose solchen Winzlingen gegenüber empfindet, tritt nicht ein. Sie fühlt sich nicht verpflichtet, mit der Zunge zu schnalzen, mit Fingern zu schnippen, Grimassen zu schneiden. In ihrem staubigen Reisekleid steht Mira einfach da, wird ruhig, schaut um sich – und sagt, an die Mutter des Kindes gewendet in ihrer fremden Sprache: «So ist er, so muss er sein, der Friedefürst, unser König.»

Die Mutter aber sagt in ihrer Sprache: «Jesus heißt er, Jesus.» Und der Vater nickt. Jesus, diesen Namen versteht auch Mira. Sie wiederholt ihn langsam.

Erst später, nachdem sich Mira umgeschaut hat in der ärmlichen Hütte, hat sie den Wunsch, dem Kind etwas zu schenken. Ihre leeren schwieligen Hände bilden zwei Schalen, offen, an den Fingern die Spuren des Riemens, an dem sie den Esel geführt hat, den langen Weg durch die Wüste. «Könnt ihr einen Esel brauchen?», fragt sie zögernd. «Ja, natürlich braucht ihr einen Esel», antwortet sie selbst. «Ihr könnt ihn bepacken, er kann dich tragen, mit deinem Kind!» Und Mira zieht den Esel in die Hütte, streichelt ihn, legt ihr Gesicht an seine feuchte Schnauze und nimmt die Schlafmatte, die Decke, den Ledersack, all ihre Habseligkeiten vom Rücken des Esels und bindet alles zusammen. Ein Bündel, das sie für die lange Heimreise wieder braucht. Jetzt legt sie es auf den Boden, hinter die Stallwand, unschlüssig. Sie möchte noch hier bleiben. Im Schein des Sterns, in der Nähe des Kindes, während seine Eltern über das raue Fell des Esels streichen.

Mira aber wartet, staunt und horcht hinaus durch die offene Tür in die weite große Nacht. Da dringt ein Ton an ihr Ohr. Hat sie sich etwas eingebildet? Sie dreht sich zur Tür. Horcht angestrengt. Macht drei Schritte. Hört den Ton deutlicher, trillernd, klar. Sie greift in die Falten ihres Gewandes, greift nach ihrer eigenen Trillerpfeife, die sie fast vergessen hat, bläst, trillert, bläst zuerst leise, dann lauter, trillert immer wieder – und erhält Antwort aus der Dunkelheit. Sie erhält eine Trillerantwort, die näher kommt und näher. In der Dunkelheit der Nacht, die sich schon zum Morgen wendet, in Dämmerung übergeht, werden die Umrisse des Kamels sichtbar, daneben der Mann, der es führt, dahinter ein anderes Kamel, auch Männer mit Turbanen und fremdartigen Kleidern, mit Dienern, die an langen Stangen schwere Lasten tragen.

Während Mira getrillert und getrillert hat – und Kudus Pfeife antwortete, hat die Mutter das Kind auf den Arm genommen, ist in den Eingang der Hütte getreten, bestaunt die fremden Gestalten, die plötzlich da sind in dieser einsamen Nacht. Und erst jetzt könnten wir sie malen als Weihnachtsbild oder sie als Krippenspiel zeigen, die bekannte Szene: Die Weisen aus dem Osten, die dem Jesuskind Gold, Weihrauch und Myrrhe bringen und im kleinen Stall auf die Knie fallen, während ihre Kamele draußen scharren und die Diener, neugierig wartend, durch die Tür schauen, bis Maria ihnen winkt. «Ihr gehört doch auch dazu.»

Auch die Sterndeuter neben Mira, mit ihren Geschenken, werden ruhig, werden hineingezogen in das wunderbare Licht. Nachdem Kudu das Schatzkästchen mit den Goldstücken, ihr gemeinsames Schatzkästchen, zu Marias Füßen gestellt hat, tritt er – endlich – neben seine Frau, hält ihre Hand und flüstert ihr zu: «Wir waren hier, schon vor einer Woche. Wir haben den Stern gesehen, haben durch die offene Stalltür geblickt – und dachten: Hier sind wir falsch. Es müsste doch ein Königskind sein!» «Königskind», sagt ein anderer der Männer etwas lauter. Dann ist es wieder still in der Hütte, still und warm, bis die Morgendämmerung auch durch die Tür und durch alle Ritzen dringt. Bis die Sonne am Himmel steht und der große Stern verschwunden ist.

Natürlich haben alle Sterndeuter, auch ihre Diener inzwischen gemerkt, dass sie beim richtigen Königskind angekommen sind. Und wir wissen alle, Mira, dass Maria und Josef mit ihrem Kind deinen Esel brauchen werden. Flucht nach Ägypten! Wir machen uns aber keine Sorge um dich, weil du keinen Esel mehr hast. Kudu wird dich auf sein Kamel setzen, glücklich durch und durch. Zusammen werdet ihr nach Hause ziehen. Aus Freude werdet ihr auf euren Trillerpfeifen spielen, auf dem ganzen Weg. Tage, Wochen, vielleicht Monate. Und wenn sie euch dann Spinner nennen, euch beide, dann werdet ihr nur lachen und weiter trillern – oder vom Friedenskönig, vom strahlenden Kind so lange erzählen, bis alle wirklich glauben, dass ihr ein göttliches Kind gesehen habt.

Die Anbetung der Könige, 1511

Himmelsleiter

Die Hirten sind aufgebrochen, um den Stall zu suchen. Ja, in Betlehem. Sie kennen den Ort. Und sie werden ihn finden, den Krippenkönig. Sie schauen nicht zurück. Simeon haben sie zurückgelassen. «Seine Füße sind zu schwer für unsern Weg! Lasst ihn doch schlafen, den Alten, inmitten der Schafe, der weißen und der schwarzen, gewärmt von ihrer Wolle und ihrem regelmäßigen Atem!»

Doch Simeon ist wach. Nur alt und müde. Er hat den Engel gehört, die himmlischen Heerscharen gesehen mit den fast blinden Augen. «Bleibt doch, bleibt bei mir», versucht er mit seiner heiseren Stimme zu rufen. Mit ausgestreckten Händen möchte er die Engelwesen halten, sie zu sich nehmen in die weit offenen Arme. Doch nur Lichtstreifen tanzen vor seinen Augen, in zarten Farben, dann und wann in kräftigem Rot.

Da spürt er die kleine Hand auf seinem Arm. Er ist zu alt, um zu erschrecken. Alles ist ihm vertraut; alles war schon einmal da, fast alles – die Hand des Sohnes, der sich an ihn klammerte, des Enkels, der den Großvater brauchte, jetzt die Hand der Urenkelin. Die Hände aller Kinder, aller Zeiten. Nur ganz wenig dreht er den Kopf und sagt: «Ja, mein Kind?» Das sagt alles. Die Stimme ist tief und leise. «Ja, mein Kind?»

«Kinder schlafen doch nachts, haben sie gesagt. – Verstehst du mich, Urgroßvater?»

«Ja, Lea, mein Kleines.»

Das Kind fährt fort: «Alle sind weggegangen, ohne mich. Nicht einmal den Hund haben sie mir gelassen. Nein, ich will nicht schlafen. Ich habe das Licht gesehen. Das Licht – es hat die Nacht vertrieben. Siehst du es, Urgroßvater? Die Nacht ist vergangen – und hat doch erst gerade begonnen.»

Das Kind drückt sich an den alten Mann und flüstert in sein Ohr: «Siehst du die Farben? Sind es nicht Stufen, Urgroßvater? Eine Treppe von der Erde zum Himmel? Kannst du sie sehen, die Treppe?

«Die Treppe, mein Kind? Eine Treppe?» Simeon versucht, sich aufzurichten. «Die Treppe, Lea, das ist eine alte Geschichte. Aber sie geschieht immer wieder. Ich will dir von Jakob erzählen. Ja, beim Dunkelwerden hat er sich hingelegt damals. Viele Tagereisen ist er schon unterwegs. Ganz allein. Heimlich ist er über Berge, durch Täler geflohen. Immer wieder hat er zurückgeblickt. Verfolgen sie mich? Er hat Angst, vom Scheitel bis in die Zehenspitzen. Kennst du diese Angst, mein Kind? Manchmal ist sie in uns allen. – Jakob, er hat seinen Vater betrogen, auch seinen Bruder Esau. Und er hat Heimweh: nach zu Hause, nach seiner Mutter. Sie hat ihn fortgeschickt in ein fremdes Land. Vielleicht hat sie auch Goldstücke in seinen Gürtel genäht. Im Schlaf kann er endlich Hunger und Durst, Kälte und Hitze, auch die Angst kann er vergessen. Und da sieht er die Treppe. Ja, Stufen. Sie führen nach oben. Und sie beginnen bei ihm. Engel gehen auf und ab. Engel aus einer andern Welt. Und Jakob hört Gottes Stimme. ‹Ich bin bei dir›, sagt Gott. ‹Fürchte dich nicht.› Und als Jakob aufwacht, sagt er: ‹Hier ist Gottes Haus. Hier ist eine Tür zum Himmel.›»

Simeons Stimme wird immer schwächer.

Lea fragt: «Hat Jakob geträumt, Urgroßvater?»
Noch leiser sagt der alte Simeon: «Eine Treppe. Eine Tür zum Himmel.» Sein Kopf liegt jetzt im Fell eines Schafs. Seine fast blinden Augen sind weit geöffnet. Vergeblich wartet das Kind auf eine Antwort. «Auch ich bin Jakob. Siehst du mich, Gott?» murmelt Simeon. Sein Atem geht schwer.

Lea schaut nach oben. «Ich träume nicht», sagt sie in die helle Nacht hinein. «Jakobs Treppe ist da. Jetzt. Ich sehe sie wirklich.»

«He, hee», ruft sie plötzlich. «He, ihr alle», ruft sie immer lauter. «Warum seid ihr weggelaufen? Kommt doch und seht! Die Tür zum Himmel!»

Und da beginnt das Kind zu laufen, zu rennen. Über Steine, durch Dorngestrüpp. Es fällt hin, läuft weiter, hat blutig zerkratzte Beine. Es kennt den Weg, den die Hirten gegangen sind. Den Weg nach Betlehem. Es schaut nicht zurück. Immer wieder ruft es hinaus in die Nacht: «Vater, Mutter, ihr Hirten, wo seid ihr?»

Endlich läuft ihm der Hund entgegen. Er begrüßt das Mädchen mit freudigem Bellen. Er wirft es beinahe um. Er leckt seine Beine.

Und da kommen auch die Hirten und die Frauen mit ihren Laternen. Eingehüllt in Mäntel, Felle und Tücher. Nur ihre Umrisse sind zu erkennen, auch die Stimmen. Es ist dunkel. Dunkelheit wie in jeder Nacht. «He, hört doch zu!» ruft Lea. Aber das Rufen bleibt in der Kehle stecken. Das Licht, wo ist es? Sie zeigt nach oben, wo die Treppe nicht mehr ist. Ein goldenes Sternenmuster auf schwarzem Grund. «Vater, Mutter, das Tor zum Himmel», sagt sie nur leise, während ihr Zeigearm nach unten sinkt und die Mutter sie an sich zieht.

«Du hast geträumt, meine Kleine. Du hättest im Zelt bleiben sollen, warten. Aber komm, ich will dir das Wunder zeigen, das wir gesehen haben: das Kind in der Krippe, den Krippenkönig. Es ist so, wie es uns der Engel gesagt hat, arm und klein. Aber es kommt von Gott. Es wird unser König sein.» König? Lea staunt.

Die Mutter nimmt das Mädchen an der Hand.

«Ist es über die Treppe gekommen?», möchte Lea fragen. Doch da sind sie schon im Stall.

«Knie nieder», flüstert die Mutter.

Und Lea kniet vor der Krippe. Sie hält den winzigen Fuß des Kindleins. Sie spürt die zarte Haut. Sie spürt die Freude – da vorn in ihren Fingerspitzen sitzt die Freude und kribbelt. Sie kribbelt durch den ganzen Körper. «Du bist doch über die Treppe gekommen, nicht wahr?» Es ist ihr, als ob das Kindlein genickt hätte.

An der Hand der Mutter stapft Lea darauf zurück durch die Nacht. Zurück zu den Schafen. Im Gehen schließt sie erschöpft die Augen. Sie redet vor sich hin, im Halbschlaf. Fast unverständlich. «Die Treppe, brauchen wir sie nicht mehr, weil das Kind da ist?», fragt sie. Und später: «Aber warten müssen wir, bis seine kleinen Füße groß sind.»

Dann kommen sie zurück zu den Schafen, den schwarzen, den weißen. Die Hirten stehen im Kreis um den alten Mann. Stumm. Gekrümmt. Immer noch liegt Simeons Kopf im Fell eines Schafes. Immer noch sind seine Augen weit geöffnet. Doch sein Atem geht nicht mehr schwer und rau. Es ist, als ob sein Mund lächelte. Lea drängt sich nach vorn. Sie stutzt. Sie beugt sich über den alten Mann. Sie spürt den warmen Atem der Schafe. Lea streichelt Simeons Kopf und sagt langsam. «Ich weiß es, Urgroßvater, du bist auf der Treppe in den Himmel gegangen. Durch die offene Tür. Auf der Jakobsleiter. In Gottes Haus bist du.» Immer weiter sieht Lea in Simeons Gesicht und sagt: «Auch zu uns ist Gott gekommen, Urgroßvater. Ein kleines Kind. Darum sind wir nicht traurig. Und wir sind nahe bei dir, Urgroßvater.»

Lange Zeit bleiben sie schweigend stehen im Kreis, die Hirten und auch Lea.

Dann tragen die Männer Simeon ins Zelt. Sie schließen seine Augen. Sie sind traurig. Und doch sind ihre Herzen warm und froh.

Kleiner Baum

Kleiner Baum am Wegrand,
du hast keine Augen,
du würdest sie sehen,
die junge Frau und den Mann,
wie sie in deinem mageren Schatten kauern,
erschöpft von der Reise.

Kleiner Baum am Wegrand,
du hast keine Ohren,
du würdest sie hören,
die Hirten, wie sie sagen:
Lasset uns nun gehen nach Betlehem
und die Geschichte sehen, die geschehen ist.

Kleiner Baum am Wegrand,
du hast keine Beine,
du würdest gehen
mit dem Stern, mit den Weisen
zum Stall mit der Krippe,
zum neugeborenen Kind.

Werde groß, kleiner Baum!
Wachse und gib reichen Schatten,
dass er sich ausruhen kann,
gelehnt an deine raue Rinde,
den Strick der Eselin
um deinen Stamm geschlungen,
der Mann auf dem Weg nach Jerusalem:
Jesus.

Malchia und sein Esel

Malchia arbeitete in seiner kleinen Werkstatt. Er war daran, einen Teppich zu weben, einen Teppich mit blauen und gelben Streifen. Gerade war ein blauer Streifen fertig. Machia streckte sich. Er trat hinaus in die Frühlingssonne. Er wollte schnell nach seinem kleinen Esel schauen, dem Esel, den er erst gestern gekauft hatte. «Bald ist der Esel ausgewachsen. Bald hilft er mir, meine Teppiche zum Markt zu tragen», dachte Malchia.

Aber da standen zwei fremde Männer in seinem Hof. Einer hatte bereits die Schnur gelöst, mit der der Esel angebunden war. Der andere streichelte das Tier.

«Das ist mein Esel. Was wollt ihr hier?», sagte Malchia schnell und laut. Er versuchte, ruhig zu bleiben. Innerlich zitterte er. Er spürte, dass er seinen Esel schon sehr lieb gewonnen hatte. Er kannte die Augen des Esels, den weißen Fleck auf seiner Stirn – und schließlich hatte er seine ganzen Ersparnisse für ihn ausgegeben!

«Warum bindet ihr mein Tier los?», fragte Malchia.

Die beiden Männer antworteten: «Unser Herr und Meister, Jesus von Nazaret, braucht dein Tier. Du bekommst es wieder zurück.»

Jesus von Nazaret? Malchia stutzte. Wer war das? Noch nie hatte er von diesem Jesus gehört. Aber die beiden Männer machten einen zuverlässigen Eindruck. Sie waren bereits auf der Straße mit dem jungen Esel. Malchia ließ sie ziehen. Er war über sich selbst erstaunt. Warum ärgerte er sich nicht? Er begann in seiner Werkstatt mit dem nächsten Streifen, einem gelben. Erst als er damit fertig war, trat er wieder in den Hof. Da fiel ihm der kleine Esel ein. Und auch der Name «Jesus von Nazaret». Wann brachten die Männer das Tier wohl zurück?

Abends dann, als Malchia auf der Bank vor seinem Haus ausruhte, setzte sich Lukas, der Nachbarsjunge, zu ihm. «Hör, Malchia», erzählte er, «ich habe einen merkwürdigen Umzug gesehen heute. Ein Mann ritt auf einem jungen Esel nach Jerusalem. Die Menschen jubelten, sie warfen Palmzweige auf den Boden und riefen: Hosanna! König! Sohn Davids! Und das Merkwürdigste, Malchia: Der junge Esel sah aus wie deiner, den du gestern gekauft hast, ja, ganz genau gleich – ich habe ihn gut angeschaut.»

Es wurde langsam dunkel. Die Geräusche der Nacht waren zu hören: das Quaken von Fröschen, das Zirpen von Grillen, in fernen Höfen ein Lachen und weit fort das Weinen eines Kindes. Malchia schwieg lange. Auch Lukas dachte nach. «Es war mein Esel, Lukas. Und der König heißt Jesus von Nazaret. Er wird mir den Esel zurückbringen, sicher. Warte nur, bald wird er kommen.»

Am nächsten Tag arbeitete Malchia weiter. Blaue Streifen und gelbe Streifen. Immer wieder trat er in den Hof hinaus und spähte die Straße hinauf und hinunter. Wann kam sein kleiner Esel zurück? Und wer war das, dieser Jesus von Nazaret, dieser König?

Als Malchia am Tag darauf aufstand, stand der kleine Esel im Hof. Er rieb seinen Kopf an Malchias Schulter. Er war wohlgenährt und schön geputzt. Malchia aber musste an seinem Teppich weiterweben. Er hatte ihn einem reichen Herrn versprochen. Gelbe Streifen und blaue Streifen. Gelbe Streifen, blaue Streifen.

«Jesus von Nazaret» – wer war das wohl? Was für ein König? Beim Weben hatte Malchia Zeit zum Nachdenken. Wenn der Esel doch nur sprechen könnte! Er hatte diesen Jesus getragen. Aber er wollte nur fressen; er wollte seinen Kopf an Malchias Schulter reiben – erzählen konnte er nichts. Und so sagte Malchia eines Abends zu seinem kleinen Esel: «Weil du mir nicht erzählen kannst, was ich wissen muss, kleiner Esel, muss ich selber nach Jesus von Nazaret fragen gehen. Ich will ihn suchen. Morgen, ja morgen ist mein Teppich fertig, der riesige Teppich, an dem ich so lange gearbeitet habe. Du wirst den Teppich nach Jerusalem tragen. Dann suchen wir diesen König, diesen Jesus.»

Am nächsten Tag zogen sie fort, der Weber und sein kleiner Esel. Malchia verriegelte seine Werkstatt. Er verabschiedete sich von den Nachbarn: «Ich weiß nicht, wann ich wieder zurückkomme», murmelte er geheimnisvoll. Nur Lukas wusste, was Malchia im Sinn hatte. Er wäre gerne mitgezogen.

Als Malchia den wertvollen Teppich verkauft hatte, begann er zu fragen. Er fragte die Händler in der Marktstraße von Jerusalem; er fragte Menschen, die aus dem Vorhof des Tempels kamen; und er fragte zuallerletzt einen römischen Soldaten. Er hatte Angst vor den Soldaten; denn die Römer hielten zu jener Zeit das Land Israel besetzt und waren strenge Herren. Der römische Soldat aber blieb stehen, er schaute Malchia an: «Ja, diesen Namen habe ich schon gehört: Jesus. Du guter Mann, ich glaube, so hieß einer der drei Verbrecher, die vor einigen Tagen gekreuzigt wurden.»

Der Soldat zeigte auf einen kleinen Hügel außerhalb der Stadtmauer. «Er lebt nicht mehr, dieser Jesus.»

«Das muss ein Irrtum sein», antwortete Malchia, «aber ich danke dir für deine Auskunft.»

Malchia erfuhr: Es war kein Irrtum gewesen. Jesus war am Kreuz gestorben. «Jesus, König der Juden» – das hatten sie über seinem Kopf ins Holz geritzt. Zwei Frauen erzählten Malchia alles ganz genau, zwei Freundinnen von Jesus. Sie sagten: «Er ist gestorben, Malchia, und dennoch lebt er. Er ist wieder le-

bendig geworden. Er ist stärker als der Tod. Darum ist er unser König.» Noch mehr erzählten die beiden Frauen, die Malchia auf dem Hügel bei der Stadt Jerusalem getroffen hatte.
Dann verlor er sie aus den Augen – im Gewühl der Menschen.
Malchia war wieder ganz allein mit seinem kleinen Esel. Aber
er wusste: Ich will mehr wissen, ich will alles herausfinden über
Jesus – diesen König ohne Krone, diesen Toten, der doch le-
bendig ist. Das ist wie ein Rätsel. Ich will ihm nachgehen, diesem Mann, der auf meinem Eselchen geritten ist.

Lange reiste Malchia umher, um alle Leute auszufragen
nach Jesus von Nazaret.

«In Nazaret will ich ihn suchen», sagte er sich. In der Stadt
Nazaret ging Malchia darum von Haus zu Haus. Niemand
wollte hier etwas von einem Jesus wissen. Manche Leute schüttelten den Kopf, andere lächelten, als ob sie etwas wüssten und
nicht preisgeben wollten. Schließlich ließ ein alter, freundlicher
Mann Malchia in sein Haus ein. Er sagte: «Wir kennen ihn
schon – du meinst doch den Sohn des Zimmermanns Josef. Aber
ich sage dir: Der hat keinen guten Ruf hier in Nazaret. Die
Leute denken, er sei ein Spinner. Er hat hier gepredigt wie ein
Prophet. Aber geh einmal zum See Gennesaret. Ich habe gehört, dass er dort mehr Erfolg hatte als hier, in seiner Heimatstadt.»

Malchia zog mit seinem kleinen Esel weiter. Am See
Gennesaret begann er zu fragen. Er fragte in vielen Dörfern –
und fand Menschen, die von Jesus gehört hatten. Ein junger
Mann erzählte ihm: «Ich war krank, Malchia. Ich war wahnsinnig, besessen von einem bösen Geist. Der böse Geist trieb
meinen Körper hin und her. Aber Jesus jagte den Geist weg; er
machte mich gesund.» Malchia staunte. War er ein Wunderarzt
gewesen, dieser Jesus?

Und Malchia zog weiter. Er wollte noch mehr wissen. Er
zog durchs ganze Land. Er kam auch an Zollstationen vorbei.
Er hatte nichts zu verzollen. Er war inzwischen arm. Das Geld,
das er für seinen blau-gelben Teppich bekommen hatte, war

fast ganz verbraucht. Trotzdem hatte er Angst vor den Zöllnern. Die waren oft grausam und nahmen den Menschen mehr Geld ab, als erlaubt war. Darum war es Malchia nicht angenehm, dass der Zöllner Zachäus ein Gespräch mit ihm anknüpfte. Zachäus fragte, wohin er unterwegs sei. Und wie staunte da Malchia: Die Augen des Zöllners leuchteten, nachdem er den Namen Jesus ausgesprochen hatte.

«Komm in mein Haus, Malchia, du sollst bei mir essen, ich will dir Reisegeld geben. Denn mir hat dieser Jesus geholfen – so will auch ich dir helfen.»

Am Tag darauf konnte Malchia fröhlich weiterwandern. Schon viel hatte er über Jesus erfahren. Aber er hätte gerne noch mehr gewusst. Wo war Jesus geboren? Das hatte ihm niemand erzählen können.

Er sagte zu sich selbst: «Meine Reisezeit ist um. Ich habe Lukas versprochen, spätestens zur Zeit der langen Nächte, mitten im Winter, wieder daheim zu sein. Wie wird er staunen über alles, was ich ihm erzähle!»

Malchia war erschöpft, als er an einem kalten Abend in einem Städtchen einen Schlafplatz suchte. Er war jetzt nicht mehr weit von seiner Heimat entfernt.

Doch in der kleinen Stadt waren alle Gasthäuser besetzt. Nur im vornehmsten Hotel wäre vielleicht noch Platz gewesen, aber das konnte Malchia sich nicht leisten. So zog er unter dem klaren Sternenhimmel weiter. Außerhalb der kleinen Stadt aber – sie hieß Betlehem – traf er einen sehr alten Hirten. Der saß an einem Feuer und winkte Malchia zu sich heran.

«So spät noch unterwegs? Brauchst du ein Nachtquartier?» Der Hirt führte Malchia zu einer Höhle im Felsen. Die Höhle diente dem Hirten als Stall. Ganz hinten stand eine alte Futterkrippe. Dort lag auch ein Haufen Stroh. «Hier kannst du schlafen.» Aber aus dem Schlaf wurde in dieser Nacht nichts. «Auf den Spuren von Jesus bist du unterwegs?», fragte der alte Hirte. Seine Augen leuchteten; so ähnlich wie vorher die Augen des Zöllners Zachäus geleuchtet hatten.

«Ja, Malchia, hier in diesem Stall wurde er geboren. In der Futterkrippe, die dort hinten steht, lag er. Es war eine kalte Nacht damals, wie jetzt. Die Eltern des Kindes fanden keinen Platz in einem Gasthof – wie du heute. Ich traf sie, als sie Betlehem verließen. Die Frau erwartete ein Kind. Sie tat mir leid. Ganz jung war sie noch. Und da machte ich ein Lager aus Stroh in meiner Höhle. Sie war dankbar.

Ich aber musste wieder zurück zu meinen Schafen. Und da geschah es, Malchia. Ein merkwürdiger Mann, wie ich nie zuvor einen gesehen hatte, stand plötzlich bei mir. Er war umgeben von einem großen Licht, dieser Mann. Und er sprach mit uns Hirten mit klarer, fast unheimlicher Stimme. Zuerst hatten wir Angst, wahnsinnig Angst. Aber dann wussten wir: Das ist ein Engel. Er kommt von Gott. Er will uns helfen.

Und der Engel sagte zu uns: «Das Kind dort, im Stall, das jetzt geboren ist, ist euer Heiland und König.»

Der alte Hirt wurde still. Auch Malchia war still. Beide dachten nach. Der Esel rieb den Kopf an Malchias Schulter, und Malchia dachte fast neidisch: Ja, du hast ihn getragen, diesen König. Wenn du doch sprechen könntest, Eselchen!

Nach langem Schweigen fügte der alte Hirt noch hinzu: «Und es hieß Jesus, dieses Kind. Ich habe später nichts mehr von ihm gehört, umsonst gewartet, gewartet.»

Jetzt war es Malchia, der erzählte, von seiner Reise, vom Zöllner, vom geheilten Mann am See Genezareth – und die Geschichte vom Einzug Jesu in Jerusalem, mit diesem Eselchen.

Es war Morgen, als die beiden Männer sich alles erzählt hatten. Mit langen Pausen hatten sie geredet. Das Nachdenken brauchte viel Zeit. Aber sie waren nicht müde. Nur der Esel hatte ein paar Stunden geschlafen.

Malchia machte sich auf den Weg. Schnell wollte er zu Hause sein. Der Nachbarsbub Lukas wartete.

«Jetzt kann ich es ihm erzählen – jetzt weiß ich auch, wo er geboren ist, Jesus, dieser König.»

Auf einem Dach in Antiochia: Zwei Evangelien

Die Runde der Männer, die auf dem Dach eines stattlichen Hauses zusammensitzen, vorerst dicht gedrängt, wird kleiner. Für einen Augenblick leuchtet in der schrägen Abendsonne, fast wie ein Blitz, die goldene Jupiter-Statue, daneben der Jupiter-Tempel. Nahe dabei muss das kostbare kleine Iris-Heiligtum stehen. «Und nach links siehst du – aber nur wenn es dir jemand erklärt – die gerade, breite Strasse nach Seleukia, zum grossen Hafen, abzweigen. Zwei Stunden bis zum Mittelmeer! Nach rechts, schräg nach rechts, auf die Berge zu, führt eine ebenso breite Strasse. Da geht es nach Osten. Bis nach Indien kann man wandern. Es ist der Weg der grossen Kaufleute, der reichen Händler, die bunte Tücher mitbringen, auch Salz und Perlen.» Einer der Männer erklärt seinem Jungen alles. «Ist Antiochia nicht eine wunderbare Stadt, reich und gross? Morgen wirst du noch mehr sehen. Und du wirst noch mehr Menschen treffen, die von diesem Christus erzählen können. Hier auf dem Dach – sie gehören alle dazu!»

Der Junge schaut sich um, möchte fragen, wird aber von seinem Vater fortgezogen. Es ist ja schon fast dunkel! «Vater, Vater, vor allem die Geschichte von seiner Geburt möchte ich nochmals hören – der Gelehrte dort in der Ecke, ich habe es genau gehört; er hat vorhin vom Engel Gabriel erzählt und von den Hirten, die zu Jesus gekommen sind. Ich bin sicher, dass ich das gehört habe! Ich möchte ihn fragen! Lass mich hier bleiben, Vater!» «Nichts da! Nicht jetzt; er hat ja alles aufgeschrieben in seinem Evangelium. Morgen dann. Oder später!» Der Vater und sein Junge verlassen das Haus, schnell. Ihre Schritte hört man in fernen Gassen.

Unter den wenigen Männern, die oben noch zusammensitzen, ist es zuerst ganz still. Alle Augen richten sich auf den Mann in der Ecke. «Bist du Lukas, sag doch, bist du wirklich Lukas, der das Evangelium geschrieben hat?» «Jetzt bist du schon so viele Wochen in Antiochia und sagst nichts?» Wieder Stille! «Wie hast du den reichen Theophilus gewinnen können? Er hat dein Evangelium offenbar abschreiben lassen, immer wieder, hat es bekannt gemacht, weil du es ihm gewidmet hast – ein geschickter Trick!» Der Mann in der Ecke sagt nicht Nein. Er hat noch nie viel gesprochen in diesem Kreis. «Ein Geschichtenschreiber bin ich, kein Redner», hat er neulich gesagt. Aber jetzt fragen sie durcheinander, intensiv. «Bist du das, über den Paulus schreibt? Im Brief an die Kolosser? Lukas der Arzt? Ein gelehrter Mann! Du hast Paulus also gekannt? Warst du in Rom mit ihm zusammen? Schreibt Paulus dies nicht in seinem zweiten Brief an die Kolosser? Hast du vielleicht Jesus selbst gekannt? Erzähl doch, erzähl!»

Nur stockend, aber hastig bringen die Männer auf dem Dach ihre Fragen vor. Sie alle haben das Evangelium des Lukas gelesen. Eine winzige Öllampe steht in ihrer Mitte. Es ist, als spannte sich ein dunkler Himmelsbogen über die Männerrunde, die immer näher, immer geheimnisvoller zusammenrückt. Lukas ist verlegen.

Erst jetzt räuspert sich ein Alter, der bisher nur stumm dabei sass. Wer hat ihn eigentlich eingeladen? Sie kennen ihn nicht richtig – doch plötzlich steht er im Mittelpunkt. Und er sagt: «Ja, Lukas, was dieser Junge dich fragen wollte. Habt ihr andern es gehört? Deine Geschichten zur Geburt von Jesus! Deine Engelsgeschichten – ich kenne deine Texte genau und frage mich: Woher hat er das eigentlich, der Evangelist Lukas? Dein

Engel Gabriel, der zu Zacharias kommt, dann zu Maria, dann zu den Hirten auf dem Feld, dann das ganze Engelsgewimmel auf dem Feld – überhaupt deine ganzen Kindheitserzählungen: Der Lobgesang der Maria, der Lobgesang des Zacharias, überhaupt deine Hirten – poetisch ist das, romantisch wird man es später nennen, geeignet für Krippenspiele, für Kinderlieder – es wird Schule machen, später, viel später – meine Augen sehen voraus in spätere Jahrhunderte, Jahrtausende – deine Flügelwesen, diese Engel werden in den Strassen hängen, werden im künstlichen Licht golden glänzen, werden an Tannenbäumen tanzen – diese geflügelten Wesen. Lukas, Lukas – der Bub, der vorhin fragte, hat gut gefragt. Woher hast du deine Engelromantik? Sag es doch! Natürlich, auch in den alten Schriften treten die Boten des Herrn zu den Menschen, um eine frohe Botschaft, um die Geburt eines Kindes zu verkünden – aber nicht so – die Gefahr der Verkitschung liegt drin – dieses Kindlein auf Heu und auf Stroh – ihr werdet es hören! Aber es ist doch nicht ein holder Knabe im lockigen Haar! Er ist unser König, der Sohn Davids, der Sohn Abrahams. Das gehört dazu, von Anfang an: Maria vom Heiligen Geist schwanger! Lukas, weisst du das nicht? Es darf nicht harmlos werden auf dem Feld!»

Der alte Mann, dieser Prediger, der hier in Antiochia schon früher aufgetaucht ist, auch in andern Städten, in ganz Syrien, der Mann hat sich erhoben, steht jetzt mitten unter ihnen, breitet seine Arme aus, spricht eine fremde Zukunftssprache, die sie nicht richtig verstehen können, hat Visionen; Jahrhunderte voraus, aber auch Jahrtausende zurück, Jahrtausende der jüdischen Geschichte.

«Er spinnt», sagen die einen und springen auf und halten ihn fest. «Nein, es geht ihm ums Ganze, um Christus, nur um Christus. Er ist ein Christus-Prophet!», rufen andere. «Er ist ein Dichter», sagen die dritten, während der Redner mit seiner lauten Stimme, mit seiner schwierigen Zukunfts-Sprache, seiner Erregung an den Rand seiner Kräfte gelangt ist, in sich zusammensinkt, sich wieder zwischen die andern setzt und verzweifelt sagt: «Um den gleichen Herrn, um Jesus, den Christus, soll es uns doch gehen, lieber Lukas! Ich habe vorhin übertrieben. Verzeih! Ich will nicht streiten, sondern ihn, unsern Herrn, bewahren – in alle Zukunft!»

«Sagst du nichts, Lukas? Lukas?» Alle schauen jetzt auf die dunklen Umrisse, dort, in der Ecke. Und tatsächlich steht Lukas, der sonst nicht redet, auf. Auch seine Stimme wird kräftiger, heftiger. «Hätte ich denn schreiben sollen wie Matthäus? Ihr kennt sein Evangelium doch! Diese Sterndeuter, die von ferne herbeikommen! Bitteschön, woher hat er denn das? Pittoresk! Pittoresk! Sind sie besser als meine Hirten? Und warum sollen die Fernsten, die Fremden, ja Heiden die frohe Botschaft zuerst erhalten? Können sie es denn überhaupt verstehen, die Sache von Christus? Hört zu» – und jetzt wird auch Lukas laut und eifrig, «hört zu, auch ich sehe jetzt nach vorn, in eine andere Welt. Ich sehe die Fremden aus dem Osten, die durch die Wüste zum Jesuskind kommen. Fremde, Fremde! Die Welt wird voller Fremder sein, die dahin, dorthin reisen, zu Land, durch die Luft reisen, schnell wie Sternschnuppen, schnell und gefährlich, von Westen nach Osten, von Osten nach Westen. Fremde – wir alle, kein Zuhause mehr! Und auch die Träume des Matthäus – immer wieder diese Träume! Josef träumt, die Sterndeuter träumen und sehen im Traum alle Gefahren – Josef träumt auch in Ägypten. Werden nicht auch die Träume in späteren Zeiten Mode werden, missbraucht werden – mehr noch als meine Engel? Ja, Träume als Modeartikel! Träume werden sie deeuten, auch ganz alltägliche, nichts von Jesus, alles werden sie deuten! Psychologie der Tiefe werden sie es nennen – und gelehrt werden sie tun, als ob aus Träumen das Heil der Welt käme. Matthäus, auch Matthäus hat gefährliche Samen ausgestreut. Die Welt, die neuen Städte der Zukunft werden künstliche, gefährliche Bäume aus diesen uralten Samen züchten. Sie werden die Botschaft verderben – und Matthäus hat ihnen gute Mittel dazu gegeben. Sind sie besser als meine Engel? Wie sollen wir unsere Bilder vor dem Missbrauch bewahren?

Sollen wir ihnen ein Schloss vor den Mund hängen, ihre Arme und Beine fesseln – die Glieder der Sterndeuter, die Glieder der Engel unbeweglich machen – und damit das Leben unserer Botschaft ersterben lassen? Ja, das Wort, die Figuren des Evangeliums müssen weitergehen! Durch die Welt. Sie werden anders. Muss es aber nicht neue Menschen geben, die unsern Bildern Sorge tragen – und Christus neu leben lassen, unsere Geschichten neu leben lassen, neues Weihnachten, auch in Tausenden von Jahren?»

Lukas, der sich erhoben hat, so laut und so lang redete wie nie sonst und – auch er – in diese seltsame Sprache der Zukunft gefallen ist, Lukas setzt sich, seufzt. «Wenn ich ihn treffen könnte, diesen Matthäus. Weiss jemand von euch, ob er noch lebt? Wie ich hat er die Schrift des Markus gekannt. Aber anders, ganz anders hat er sie ergänzt … diese Geschichten zu Jesu Geburt!»

Auch Lukas, der sonst nicht redet, fällt erschöpft wieder in seine Ecke zurück. «Wenn ich ihn treffen könnte … » Lukas seufzt.

Doch die Geschichte auf dem Dach, die Geschichte in Antiochia, die Geschichte, die vielleicht nur dieser Bub durch seine Fragen ausgelöst hat, diese Geschichte endet zum Glück mit einem Höhepunkt, bevor sich alle schlafen legen, bevor der Morgen kommt.

Denn der alte Mann, den keiner so genau kennt, der vorhin über das Engelsgewimmel des Lukas herfiel, dieser Prediger, der auch schon aufgetreten ist in Antiochia: Er steht wieder auf, scheint jetzt grösser – dunkel vor dem Dunkeln, denn das Lämpchen ist längst ausgelöscht. «Ich bin Matthäus. Ja, so nenne ich mich als Verfasser des Evangeliums. Matthäus wie der Zöllner in meinem Evangelium. Denn, denn …», Matthäus stockt. «Wie er: Ich möchte es gut machen, perfekt, richtig – auch beim Schreiben von Jesu Geschichte. Aber wie soll ich es wissen, ob er immer bei mir ist, dieser Heilige Geist, den ich brauche, damit alles stimmt? Kann sie stimmen, ganz stimmen, die Jesus-Geschichte?»

Im Dunkeln geht jetzt Matthäus auf Lukas zu. Die beiden alten Männer umarmen sich. Der dunkle, fast schwarze Himmelsbogen, der sich über die Männerrunde gespannt hatte, scheint plötzlich weniger schwarz. «Da, da!», Matthäus zeigt nach oben. «Der Morgenstern! Klar! Hell! Der Stern zeigt uns den Weg, wie damals den Fremden aus dem Osten. Den Weg in einen neuen Tag. Den Weg zu jenem Kind. Engel? Träume? Ein grosser Stern? Vielleicht gibt es viele Wege?»

Lukas und Matthäus geben sich die Hand, steigen die Treppe außen am Haus langsam hinunter. Verschwinden in der dunklen Gasse in verschiedenen Häusern, um sich hinzulegen.

Langsam werden schon die Pflastersteine im ersten Morgenlicht sichtbar. Die Karren der Frühaufsteher unter den Marktleuten knarren. Sonst schläft die ganze grosse Stadt: Antiochia in Syrien.

Dürers Weihnachtstiere – zu den Illustrationen

Die vor 500 Jahren entstandenen Kupferstiche Albrecht Dürers bestechen noch heute. Einerseits sind es verträumte, mitteleuropäische (nie orientalische!) Kompositionen: das Nürnberger Weiherhaus, ein mittelalterliches Städtchen, eine Seelandschaft im Hintergrund, ein halbzerfallenes europäisches Haus, in dem die Könige das Kind beschenken – oder der märchenhafte Wald mit der Dattelpalme, durch den die Flucht nach Ägypten führt: Es ist nicht nur ein wörtlich dichter, sondern ein fast romantischer Weg, auf dem der bärtige Josef und die wunderbar-junge Maria die Hauptfiguren sind.

In unserem Zusammenhang aber faszinieren vor allem die Tierdarstellungen Dürers, die auf kunstvollste Weise realistisch sind. Diese Tiere treten unerwartet auf; sie sind auf jeden Fall weit mehr als dekorativ und geben uns Rätsel auf. Sind etwa die Eidechsen, von denen man sagt, dass sie der aufgehenden Sonne ihr Gesicht zuwenden, um nicht blind zu werden – sind sie ein Symbol für die Hinwendung zu Christus? Und der winzig kleine Vogel auf dem gleichen Bild («Flucht nach Ägypten»): Er ist so klein, dass man ihn ganz vorne links auf der Holzstange lange suchen muss. Hat das einen Sinn? Gilt es vielleicht gerade an Weihnachten, das Kleine, Unscheinbare, hinter dem sich das Allergrößte versteckt, zu entdecken?

Diese Tiere aber bieten sich vor allem für Geschichten an, möchten eine Rolle spielen – die Meerkatze, der Vogel auf der Hand des Kindes, die winzige Heuschrecke (ganz rechts unten auf dem Bild). Ich habe sie in diesem Sinn betrachtet. Ich hoffe, Dürer in seiner Naturliebe und Phantasie nicht falsch verstanden zu haben, indem ich seine Tiere nicht vor allem symbolisch deutete, sondern mich durch sie zum Erzählen anregen ließ – etwa durch die Meerkatze, die in alten Zeiten als originelles und kostbares Haustier gehalten wurde, die aus Afrika gebracht wurde (warum nicht durch den Schwarzen unter den Magiern?), auch wenn man sieht: Dieser Affe ist in Ketten gelegt, ist vermutlich das domestizierte Böse, das an Weihnachten unschädlich gemacht wird, also doch ein Symbol. Oder die Hasen zu Füßen der Madonna; sie suchen eine Höhle und weigern sich, als Zeichen der Auferstehung (Hasen schlafen mit offenen Augen!) religiös verstanden zu werden. Sie werden auf ganz andere Weise weihnächtlich und «erzählbar», wenn man erfährt, dass zur Zeit des Kaisers Augustus eine Kaninchenplage auch die Gärten von Betlehem heimsuchte.

Nur vier vollständige Weihnachtsbilder werden in unserem Buch beispielhaft abgebildet – eine Aufmunterung, auf ihnen die kleinen Ausschnitte zu suchen. Andere Details – es sollten nicht ausschließlich Tiere sein – haben wir vor allem in der Reihe «Marienleben» gefunden, auch (so Josefs Hund) auf dem Stich «Der Heilige Eustachius». Die dicke Katze aber, die zur Geschichte von Josef gehört, stammt aus dem berühmten Kupferstich «Adam und Eva»: Es ist ein Bild des Friedens, auf dem Katze und Maus, einander zugewandt, zu Füßen des ersten Menschenpaars schlafen. Schöpfung und Weihnachten rücke ganz nahe zusammen – eine Botschaft, die Dürers Weihnachtsbilder mit ihren Tieren und Pflanzen in eindringlicher Weise vermitteln.

Zu den Geschichten

Alle Geschichten sind letztlich Variationen der Weihnachtsgeschichte, wie sie der Evangelist Lukas, in seinem 1. und 2. Kapitel oder wie sie der Evangelist Matthäus, in seinem 2. Kapitel dokumentiert. Obwohl freie Erfindungen von Gestalten und Umständen die biblische Erzählung abwandeln, werden die Überlieferung nach Matthäus und jene nach Lukas in den einzelnen Geschichten nicht «vermischt», in der Absicht, jedem Evangelisten sein Eigenstes zu lassen: Matthäus stellt die Sterndeuter, die als Ausländer aus fernen Ländern das Königskind als Erste finden, in den Mittelpunkt; der leuchtende Stern ist ihr Wegweiser. Bei Lukas sind es die Hirten, also die Besitzlosen und Verachteten, die als Erste von der frohen Botschaft erfahren und das Kind in der Krippe finden; die Engel sind ihre Helfer.

Die Geschichten sind alle für Erwachsene und auch für Kinder verständlich. Nähere Angaben finden sich, außer bei den neun ganz knappen Geschichten am Anfang, in der nachfolgenden Aufstellung.

König Herodes und die Nachtigall

Der wunderbare Gesang der Nachtigall vertreibt die bösen Gedanken des Herodes – zu spät schickt er darum seine Soldaten aus (zu Matthäus 2).

Der Wüstenfuchs und Maria

Maria unterwegs zu Elisabet: Die junge Frau gefällt dem Wüstenfuchs, der sie beschützt und begleitet (zu Lukas 1, 39–56).

Josefs Katze

Ob Josef eine Katze hatte? Jedenfalls schätzt sie die Flucht ihres Herrn nach Ägypten nicht (zu Matthäus 2).

«Große Heuschrecke»

Das ist ein stolzer Name für einen verwaisten Hirtenjungen. Auch ein gutes Geschenk für die Mutter des Jesuskindes? (zu Lukas 2).

Die tanzenden Schafe

Auch Tiere lassen sich von der Freude, von der die Engel singen, anstecken. Oder hat der Hirte geträumt? (zu Lukas 2).

Der schwarze Hund des Gastwirts

Alle möchte der Hund, der das neugeborene Kind berührt hat, herbeiholen. Ob sie sein Zeichen verstehen? (zu Lukas 2).

Kaninchenplage

Freche Kaninchen plündern den Gemüsegarten des Wirts von Betlehem. Eine Kupfermünze für ein gefangenes Tier! Für zwei kleine Kaninchenfänger wird etwas anderes wichtiger (zu Lukas 2).

Die Meerkatze

Caspar, der schwarze König, bringt dem Kind ein merkwürdiges Geschenk. Es erweist der Heiligen Familie unerwartete Dienste (zu Matthäus 2).

Das Huhn des fünften Königs

Ein eigenartiger König schließt sich den andern an, immer mit seinem Huhn. Was will er damit? Jedenfalls lässt sich der Torwächter des Herodes nur mit diesem merkwürdigen Geschenk besänftigen (zu Matthäus 2).

Maria und Elisabet

Maria reist zu ihrer Verwandten Elisabet, die bald ihr erstes Kind, Johannes, bekommen wird (auch für Kinder ab ca. 7 Jahren). Ursprünglich verfasst für ein Buch mit biblischen Geschichten: «Wer ist dieser Jesus?», mit Illustrationen von Hilde Heyduck-Huth, 1988; vergriffen (zu Lukas 1).

Eine Spur im Sand (Gedicht), publiziert in: Regine Schindler, «Auf der Straße nach Weihnachten»; vergriffen.

Ganz hinten im Stall

Ein Mädchen gerät mit seinem Großvater in die gefährlichen Wirren der Volkszählung in Betlehem – und bringt sich mit seinem Esel ganz hinten in einem Stall in Sicherheit. Am nächsten Morgen ist der Stall nicht mehr leer! (auch für Kinder ab ca. 5 Jahren). Ursprünglich verfasst für den «Kirchenboten des Kantons Zürich» Dezember 1998 (zu Lukas 2).

Verkehrte Welt oder: Aurelius und der Schafsdieb

Ein Hirte, der auf viele Schafe aufpassen muss, wird nachts bestohlen. Er packt den Schafsdieb und führt ihn ins Dorf, um ihn bestrafen zu lassen. Bei jenem Kind, das Messias genannt wird, ist plötzlich der arme Dieb, dem heiligen Kind näher als alle andern – ihm wird vergeben (auch für Kinder ab ca. 6 Jahren). Diese Geschichte ist entstanden als Bilderbuchtext, in engem Austausch mit dem Illustrator Reinhard Herrman; vergriffen (zu Lukas 2).

Ein Stern zeigt den Weg nach Betlehem

Vorbereitung, Weg und Rückkehr der Sterndeuter. Zapor, der Junge eines Sterndeuters wird zur Identifikationsfigur (für Kinder ab ca. 4 Jahren). Geschrieben als Bilderbuchtext: «Die Sterndeuter kommen», mit Bildern von Hilde Heyduck-Huth; vergriffen (zu Matthäus 2).

Rahel, die kleine Bettlerin

Vergeblich bettelt sie um Geld. Mit einem unerwarteten Geschenk aber begleitet sie die Hirten zum Stall (auch für Kinder ab 7 Jahren). Ursprünglich publiziert in: «Rahel, die kleine Bettlerin», Weihnachtsgeschichten, Blaukreuz 1983 (nach Lukas 2).

Die stumme Marie und der Wunderstern

Die stumme Marie zeigte den Sterndeutern den Weg übers Gebirge. Sie trägt ihr Wasserbecken während der ganzen beschwerlichen Reise mit – ein Rätsel, das sich allmählich aufschlüsselt (auch für Kinder ab 7 Jahren). Ursprünglich verfasst als Bilderbuchtext, mit Bildern von Ivan Gant-schev; vergriffen (zu Matthäus 2).

Kind und König

Ein seltsamer, riesengroßer König aus dem fernen Osten schließt sich den Sterndeutern an. Mit seinen falschen Erwartungen «verpasst» er das Jesuskind, um es später in unerwarteter Weise zu retten. Aus dem reichen König wird ein verarmter Kinderfreund (für Erwachsene und größere Kinder). Ursprünglich erschienen in: Regine Schindler, «Kind und König», Friedrich Reinhardt Verlag, Basel 1987 (zu Matthäus 2).

Die tanzende Hanna

Eine Geschichte zur Darbringung Jesu im Tempel, Es geht um die alte Prophetin Hanna, die wie Simeon im Tempel auf das Kommen des Erlösers gewartet hat (für Erwachsene und größere Kinder). Ursprünglich erschienen in: Regine Schindler, «Kind und König», Friedrich Reinhardt Verlag, Basel 1987 (zu Lukas 2, 21–40).

Blaue Tücher

Die Färberin drängt sich den Sterndeutern als Begleiterin auf. Ihre in besonderer Weise gefärbten Tücher wirken Wunder – als Hilfe für das Königskind, aber auch weit darüber hinaus: Die Frau wird zur Jüngerin Jesu (eher für Erwachsene). Publiziert in «Zuversicht Weihnachten», Gotthelf Verlag 1994 (zu Matthäus 2 und Matthäus 20,29–34, resp. Lukas 35–43: Heilung des Blinden).

Die alte Rosa

Eine arme einsame Römerin wird zur Helferin der Hirten, um an der Krippe zu erfahren, dass auch sie, als Ausländerin dazu gehört (für Erwachsene und größere Kinder). Ursprünglich in Zürcher Dialekt geschrieben für «Drei Wienachtsgschichte uf Züritüütsch», zusammen mit Chlaus und Silja Walter, Jordan Verlag 1986 (zu Lukas 2).

Trillerpfeife

136 Die Frau eines Sterndeuters folgt heimlich ihrem Mann, der mit dem gemeinsamen Goldkästchen zum fremden Köngskind aufgebrochen ist. Eine mutige Reise, von der beide Partner, die sich mit Hilfe der Trillerpfeife immer wieder verständigt haben, glücklich zurückkehren (eher für Erwachsene). Publiziert in «Begegnung Weihnachten», Gotthelf Verlag 1996 (zu Matthäus 2).

Himmelsleiter

Den alten Simeon und seine Urenkelin haben die Hirten auf dem Feld zurückgelassen: Der alte Mann und das Kind sehen die Jakobsleiter und damit eine offene Tür zum Himmel. Tod und Leben nahe beieinander (eher für Erwachsene). Publiziert in «Simeon und die Himmelsleiter», Blaukreuz 1990 (zu Lukas 2 und zu 1 Mose 28,10–27).

Kleiner Baum (Gedicht), publiziert in Regine Schindler, «Kind und König» 1987.

Malchia und sein Esel

Der Teppichweber Malchia, dessen junger Esel als «Palmsonntagsesel» gebraucht wird, geht den Spuren des Jesus von Nazaret nach, bis er schließlich auch über seine Geburt viel weiß» (für Erwachsene und größere Kinder). Publiziert in «Die beiden Hirten», Blaukreuz 1986 (zu Lukas 19,28–39; Lukas 19,1–10 und Lukas 2).

Auf einem Dach in Antiochia

Lukas und Matthäus begegnen sich, zuerst als Unbekannte, in Antiochia in Syrien. Sie diskutieren über ihre so unterschiedlich verfassten Versionen der Weihnachtsgeschichte – der eine hat es mit den Engeln, der andere mit den Träumen (eher für Erwachsene).